MELHORES
POEMAS

Haroldo
de
Campos

Direção
EDLA VAN STEEN

MELHORES POEMAS

Haroldo de Campos

Seleção
INÊS OSEKI-DÉPRÉ

© Inês Oseki-Dépré, 1992

3ª Edição, Global Editora, São Paulo 2000

2ª Reimpressão, 2012

Diretor Editorial
Jefferson L. Alves

Gerente de Produção
Flávio Samuel

Revisão
Odair P. de Jesus

Projeto de Capa
Victor Burton

Dados Internacionais de Catalogação na Publicação (CIP)
(Câmara Brasileira do Livro, SP, Brasil)

Campos, Haroldo de, 1929-2003
  Melhores poemas Haroldo de Campos / Seleção de Inês Oseki-Dépré – 3. ed. – São Paulo: Global, 2000. – (Melhores poemas ; 26)

ISBN 978-85-260-0344-6

1. Poesia brasileira. I. Oseki-Dépré, Inês. II. Título. III. Série.

92-2824   CDD-869.915

Índices para catálogo sistemático:

1. Poesia : Século 20 : Literatura brasileira   869.915
2. Século 20 : Poesia: Literatura brasileira   869.915

Direitos Reservados

 **GLOBAL EDITORA E
DISTRIBUIDORA LTDA.**
Rua Pirapitingui, 111 – Liberdade
CEP 01508-020 – São Paulo – SP
Tel.: (11) 3277-7999 – Fax: (11) 3277-8141
e-mail: global@globaleditora.com.br
www.globaleditora.com.br

Obra atualizada conforme o
Novo Acordo Ortográfico da Língua Portuguesa

 Colabore com a produção científica e cultural.
Proibida a reprodução total ou parcial desta obra
sem a autorização do editor.

Nº de Catálogo: **1905**

Inês Oseki-Dépré nasceu em São Paulo, em 1943, em uma família japonesa. Diplomou-se em 1960 em Línguas Neolatinas pela USP. Bolsista do governo francês, licenciou-se em Linguística Geral em 1968 (Faculdade de Letras e Ciências Humanas de Aix-en--Provence).

Em 1971, doutorou-se na mesma universidade, com uma tese sobre a obra experimental de Michel Butor. Em 1977, obteve o posto de professora de Português (*Agrégation de Langues Vivantes*), lecionando em Marselha, Tolosa e La Ciotat. Livre-docente em 1991, é pesquisadora associada à École des Hautes Études en Sciences Sociales (Marselha). Traduziu para o francês textos do Padre Antônio Vieira, José de Alencar, Florbela Espanca, Fernando Pessoa, Carlos Drummond de Andrade, Guimarães Rosa, Oswald de Andrade, Pagu, Lygia Fagundes Telles, Haroldo de Campos, Augusto de Campos e Décio Pignatari. Em 1990, publicou um livrou sobre poética, *A propósito da literariedade* (Editora Perspectiva), e escreveu também um livro de ficção, *You're Welcome*.

HAROLDO DE CAMPOS OU A EDUCAÇÃO DO SEXTO SENTIDO

1. O concreto barroco

> *escrever mil páginas escrever milumapáginas para acabar*
> *com a escritura para começar com a escritura*
> (*Galáxias*)

Não é possível evocar Haroldo de Campos sem evocar a Poesia Concreta, ou seja, o primeiro movimento de vanguarda brasileiro de repercussão internacional, surgido nos anos 1950, em São Paulo. Cristalizado pela criação do Grupo *Noigandres* (1952), a "flor que afasta o tédio" (com Augusto de Campos e Décio Pignatari num primeiro tempo); materializado nos anos 1960 pela revista *Invenção;* conhecido também sob o nome de Concretismo, o movimento foi lançado publicamente em 1956, na ocasião da Exposição Nacional de Arte Concreta, que reuniu artistas de vários setores no Museu de Arte Moderna de São Paulo. Manifestou-se no plano poético como "antídoto" à poesia lírico-sentimental ou confessional-psicológica, característica da geração de 45 (exceção feita ao "engenheiro" João Cabral de Melo Neto), retomando assim a linha traçada pelos poetas mais arrojados da Semana de 22, em particular Oswald de Andrade.

Trata-se, por outro lado, de assumir o legado mais radical da poesia moderna: do Mallarmé de "Um lance de dados" e do método ideogrâmico elaborado pela poesia de Ezra Pound.

Nesse sentido, o propósito de Haroldo de Campos é esclarecedor:

> O poeta, como afirma Jakobson, é aquele que configura a materialidade da linguagem. Nesse sentido, toda poesia digna deste nome é concreta: de Homero a Dante, de Goethe a Pessoa. Mais especificamente, a "poesia concreta" representa o caso-limite da poesia, no qual existe uma total sistematização de todos os níveis semântico, sintático, retórico, sonoro – da palavra.

O projeto não consiste em fazer o novo pelo novo, mas sim, em propor conteúdos novos, inviáveis sem formas novas, sem uma renovação linguística. A poesia concreta é, de certo modo, a síntese do novo.

As consequências dessa nova visada poética são inúmeras, tanto no plano criativo, como no plano crítico. O "Plano-piloto para poesia concreta" (1958) é a tentativa mais instigante (sem esquecer a contribuição atualizadora e renovadora do movimento "Pau-brasil" e da "Antropofagia"), jamais havida em solo brasileiro, de integrar poetas como Mallarmé, Joyce, cummings, Maiakóvski e outros tantos, à nossa cultura literária. E mais: abolindo as fronteiras semióticas, no sentido que Jakobson dá à "função poética" (aquela em que a forma se torna mensagem, presente não só na poesia), a Poesia Concreta permitiu maior interação entre os novos meios de comunicação, cujos suportes, musical, visual, publicitário, se veem impregnados doravante de significância/signância poética. Cumpre lembrar que a criação de Brasília, "metáfora epistemológica da capacidade de inovação do artista brasileiro", nos termos de Haroldo de Campos, data dessa época.

Vários são os textos publicados pelo autor, quer poéticos, quer teóricos, que ilustram ou explicitam essa nova estética:

> Pensar a literatura ou o texto num espaço impensável. Levar adiante uma experiência de linguagem como trabalho produtor inscrito na região do significante, isto é, numa região onde o significado não existe senão como deslizamento entre superfícies significantes, como faiscamento incessante do signans, ou seja, do corpo verbal, concreto, da linguagem
> (*Tempo brasileiro*, n. 26-27, jan.-mar. 1971)

Ora, se, num plano sincrônico, esse movimento teve o impacto que se conheceu em relação às outras formas de arte; se, por outro lado, as obras e as posições teóricas de Haroldo de Campos e de seus companheiros do Grupo *Noigandres* encontraram ressonância no âmbito internacional, a saber (exemplificativamente): Eugen Gomringer, na Suíça; Max Bense, Helmut Heissenbüttel, na Alemanha; o "espacialista" Pierre Garnier, Jean-Pierre Faye, Jacques Roubaud, Philippe Sollers, Liliane Giraudon e Jean-Jacques Viton, na França, além de outros países da Europa e das repercussões nos Estados Unidos, na América Hispânica e até no Japão (Kitasono Katsue, Seiichi Niikuni), o que teve como consequência colocar a produção brasileira no mesmo plano das principais literaturas de alcance universal; devem ser relevadas aqui, como fator de extrema importância, as bases do movimento concretista – em especial as da obra haroldiana –, que lhe permitiram transcender os limites de uma simples contestação estética ou cultural do *establishment* convencional até então em vigor. Porque, não só por inclinação pessoal, mas também por uma extraordinária intuição poético-histórica, Haroldo de Campos, num trabalho iniciado ao mesmo tempo que suas primeiras publicações, reata, simbólica e poeticamente, resgatando-a enquanto origem "vertiginosa" (*Ursprung*, no sentido de Walter Benjamin), a ligação com a vertente textual ibérica a partir da qual nossa literatura toma um verdadeiro sentido; em outros termos, a conexão com o período cultural barroco, essa "cultura nascida adulta, falando um código universal extremamente elaborado, o código retórico barroco", sem infância, no sentido etimológico da palavra, o *infans* sendo aquele que não fala ("Da razão antropofágica: diálogo e diferença na cultura brasileira", *Boletim bibliográfico*, Bib. Mário de Andrade, Secretária Municipal de Cultura, São Paulo, v. 44, n. 1-4, jan./dez. 1983).

> *neste eldorido feldorado latinoamargo tua barrouca*
> *mortopopeia ibericaña*
> (*Galáxias*)

Essa escolha teórica e pessoal não poderia ter sido mais judiciosa e propícia, seja em relação aos efeitos obtidos no plano poético, seja quanto à compreensão de uma cultura nacional e da posição desta última no âmbito planetário.

Assim, o que tinha sido vislumbrado desde *Auto do possesso* (1950), primeira obra publicada pelo autor, onde a poesia permutacional já é prenunciada ("Lamento sobre o lago de Nemi"), tomará forma e delineará o seu projeto pessoal no âmbito do próprio movimento da Poesia Concreta. Datam dessa época o texto "Teoria e prática do poema" (1952), "verdadeiro manifesto da estética neobarroca", nos termos do próprio poeta, que dialoga com o famoso "Sermão da Sexagésima" do barroquíssimo Padre Antônio Vieira; o pioneiro ensaio de 1955, "A obra de arte aberta" (*Diário de São Paulo*), com referências não só a Mallarmé, Joyce, Pound, cummings, mas também aos procedimentos musicais de Webern, aos móbiles de Calder, constituindo-se numa verdadeira "convocação à aventura" e antecipando o livro posteriormente célebre do crítico e semiólogo italiano Umberto Eco (*Opera Aperta*). Da mesma época, também, é a série de poemas "o â mago do ô mega" (1955-6), onde o "xadrez de estrelas" vieiriano se combina com a página branca celeste do "Um lance de dados" mallarmaico, aqui, negra, numa versão haroldiana personalíssima. Resposta dialógica ao barroco, onde o despojamento negro faz eco à lúdica luxúria das palavras do Seiscentos; onde prevalece a fusão de contrários, o minimalismo simbólico com o máximo de efeitos, a síntese de múltiplas possibilidades semântico-sintáticas, além das musicais.

A fase de maior ortodoxia concretista não é certamente a que ilustra de maneira mais evidente o postulado neobarroco subjacente à poesia de Haroldo de Campos, mas, encarada no conjunto, geométrica, densa, permutável, cinética, aberta, autorreferencial, ela não deixa de ter pontos comuns com certos textos de Gregório de Matos, o "primeiro antropófago experimental da nossa poesia", como o designa Augusto de Campos em 1974, assim como com vários poemas de Góngora.

A propósito de *Ciropédia ou a educação do príncipe*, obra publicada por Haroldo de Campos em 1952, o mesmo Augusto de Campos a considera como uma realização de um "concreto barroco" (1955), na medida em que "as metáforas aí são trabalhadas como verdadeiros blocos sonoros", como uma cadeia de "ideogramas verbais de som". Em outras palavras, ser "concreto", no caso, é optar por um tipo de poesia não antinômico à visão barroca, aberta, onde as figuras de tema, isomorfas às figuras de signo, são também figuras de vida.

Figuras de vida que se requintam, se personalizam, atingem o ápice da perfeição formal (e, por conseguinte, *vital*) em *Galáxias*, "livro de ensaios" elaborado durante treze anos, publicado parcialmente em 1976 (e integralmente em 1984). Livro de viagem e de viagens, viagem-livro, em que são abolidas as fronteiras entre prosa e poesia. Os cinquenta textos que o compõem (legíveis de maneira "aberta", sem ordem imposta, com exceção dos "formantes" que constituem o ponto de partida e o fecho) formam o jornal de bordo, não do poeta, mas da poesia, de um percurso épico-epifânico cujos limites são o universo. As *Galáxias* constituem, sem dúvida, o texto mais explicitamente barroco de Haroldo de Campos, não só do ponto de vista do "engendramento" poético (paronomástico, neologístico, permutacional), mas também do ponto de vista de uma visão caleidoscópica do mundo, onde o velho dialoga com o novo, a luz com as sombras, o passado com o presente, o belo com o feio, a vida com a morte. O futuro talvez se torne incerto, mas resta o presente do poema.

De *Galáxias* a *Finismundo: a última viagem* (1989-1990) fenecem as utopias, mas não desaparece o elo entre o homem e o seu mundo, patente em *Servidão de passagem* (1961); entre o homem e os poetas que o nutriram, como o Dante e o Novalis de *Signância/Quase céu* (1976), livro que lhe permite também evocar Sousândrade, Kilkerry e Oswald de Andrade; entre o homem e os outros homens, em *A educação dos cinco sentidos* (1985), cujo título lembra a frase de Marx, "a educação dos cinco sentidos é o trabalho de toda a história universal até agora". Se, em *Finismundo: a última viagem*, uma certa interrogação sobre os limites da criação e da vida transparece, a mesma "enteléquia", a mesma chama e a mesma tensão poética permanecem.

2. O antropófago transcriador

> *ali é broadway vladímir lorca vozniessiênski*
> *mas antes de todos sousândrade estiveram aqui*
> *uma pizza-hot-dog você comerá se quiser*
> (*Galáxias*)

Num dos seus ensaios mais fundamentais para a conceituação da cultura brasileira, Haroldo de Campos define de certo modo o seu "creative method". Trata-se do ensaio intitulado "Da razão antropofágica: diálogo e diferença na cultura brasileira", acima citado, e no qual o autor define as fronteiras espácio-

-temporais da literatura (e da cultura) brasileira não mais em termos provincianos e subdesenvolvidos de antiga colônia europeia, de "literatura menor", mas em termos históricos, dialógicos e dialéticos em relação a toda a cultura que a alimentou e a toda a produção que a tem caracterizado.

Nesse sentido, de pleno acordo com a "razão antropofágica" de Oswald de Andrade, que ele conceitua como "o pensamento da devoração crítica do legado cultural universal, elaborado não a partir da perspectiva submissa e reconciliada do 'bom selvagem', mas segundo o ponto de vista desabusado do 'mau selvagem', devorador de brancos, antropófago", Haroldo de Campos precisa e confirma a ideia da atitude "antologista" (crítica) do canibal devorador apenas de inimigos bravos, transformando essa ideia no que se poderia chamar de um programa diferencial. As consequências dessa atitude serão: o *descaráter* no plano ontológico, ou seja, em lugar da identidade conclusa e acabada, regionalizada, do nacionalismo substancialista, monológico, o jogo dialógico da diferença brasileira, operando contra um pano de fundo universal da *Weltliteratur* (assim, num plano paródico, a busca sempre "diferida" – para falar como Derrida – de Macunaíma, "o herói sem nenhum caráter"); a ruptura com a discursividade linear; a elaboração de uma historiografia heterogênea, constelar; a reconstrução da tradição (inclusive a revalorização do que foi marginalizado, Odorico Mendes, Sousândrade, Kilkerry, o próprio Oswald); a constituição de "um espaço crítico paradoxal", que substitui a "doxa" uníssona vigente.

Um dos meios de concretizar essa atitude consiste, entre outras coisas, em remontar ao passado matricial de nossa cultura, em buscar o novo no interior da tradição, em tecer os fios da aranha poética que irão persistir – e alicerçar a própria cultura presente – através dos tempos, desde os clássicos, Homero, Dante, Camões; desde os chineses, como Li-T'ai-Po, ou os japoneses, como Bashô; desde os trovadores provençais ou galaico-portugueses; desde o Padre Antônio Vieira e Gregório de Matos, até Mallarmé, Apollinaire, Fernando Pessoa, Pierre Boulez, até Hélio Oiticica, Caetano Veloso...

O outro polo, complementar, é a transcriação, "tradução que se propõe como operação radical", tradução da forma, do "modo de intencionalidade", do "enfoque" de uma obra, em termos benjaminianos. Em outros termos,

> re-correr o percurso configurador da função poética, reconhecendo-o no texto de partida e reinscrevendo-o, enquanto dispositivo de engendramento textual, na língua do tradutor, para chegar ao poema transcriado como re-projeto isomórfico do poema originário. O tradutor de poesia é um coreógrafo da dança interna das línguas, tendo o sentido... não como meta linear de uma corrida termo-a-termo,... mas como bastidor semântico ou cenário pluridesdobrável dessa coreografia móvel.
>
> ("Transluciferação mefistofáustica.
> In: *Deus e o Diabo no Fausto de Goethe*.
> São Paulo: Perspectiva, 1981. p. 181.)

Não se trata aqui apenas da referência ao legado universal, mas ainda do trabalho efetuado sobre o material significante do texto de partida, que deve ser recriado em todo o seu teor de informação original na língua do tradutor. Exemplos não faltam na produção de Haroldo de Campos que ilustram magistralmente seus princípios teóricos. Do *Gênesis* e do *Qohélet* bíblicos ao Teatro Nô japonês (*Hagoromo*); de Safo a Bashô; de Mallarmé, Joyce, Maiakóvski a Dante e Goethe, sem esquecer vários *Cantares* de Ezra Pound, transcriados em colaboração com Augusto de Campos e Décio Pignatari.

Seja pela transcriação, seja pela intertextualidade, a "razão antropofágica" se realiza na mesma perspectiva: descobrir, propagar o texto novo, dilatar o espaço poético da língua portuguesa, acrescentar à literatura, em língua renovada, a informação poética virtual e organicamente nova. Tradução equivale a inovação e tradição renovada (como sugere o lema poundiano "make it new").

3. Os cinco (e o sexto) sentidos

> *rumor do mar uma palavra-búzio que homero soprou*
> *e que se deixa transoprar [...] contra o encapelo móvel das*
> *consoantes assim também viagem microviagem*
> (*Galáxias*)

Se o elo entre o movimento de Poesia Concreta e a "razão antropofágica" da Poesia "Pau-brasil", liderada por Oswald de Andrade, fica patente, convém insistir na especificidade da contribuição do primeiro em relação à segunda. Não só pelas razões apresentadas até aqui, ou seja, pela influência sobre a cultura brasileira, pela amplitude internacional de sua repercussão e mesmo de sua influência no estrangeiro, mas, naquilo que lhe é mais essencial, pela atenção dada à materialidade do signo em seus efeitos "pan-semióticos" (Jakobson), que constituem já em si fatores da maior importância. O que dá especial relevância à Poesia Concreta e ao Grupo *Noigandres* são, por um lado, a extrema criatividade no plano semiótico e intersemiótico de seus representantes; por outro, a coerência teórica de suas propostas (o que João Cabral de Melo Neto chama "rigor"). Some-se a isso, no plano de discussão de ideias estéticas, a energia com a qual Haroldo de Campos, principalmente, soube defini-la e propagá-la, seja por meio de conferências, cursos, leituras públicas, participação em colóquios internacionais, correspondência e troca de informações com poetas contemporâneos (exemplar, nesse sentido, o diálogo com Octavio Paz, em *Transblanco*, 1986); seja por sua produção múltipla e infastigável (artigos, ensaios, entrevistas, obras teóricas, traduções, obra poética). Em suma, tal um diamante polifacetado, Haroldo preencheu e preenche um espaço *sui generis* na modernidade, brasileira e contemporânea, representando numa só pessoa um amplo espectro de caminhos e de criações.

Inês Oseki-Dépré
Aix-en-Provence (França), 1991/1992

POEMAS

AUTO DO POSSESSO
(1948-1950)

LAMENTO SOBRE O LAGO DE NEMI

O azar é um dançarino nu entre os alfanjes.
Na praia, além do rosto, a corola das mãos.
Chama teu inimigo. O azar é um dançarino.
Reúne os seus herdeiros e proclama o Talião.

A virgem que encontrei coroada de rainúnculos
Não era – assim o quis – a virgem que encontrei.
O azar é um dançarino: teme os seus alfanjes.
Amanhã serei morto, mas agora sou rei.

Nu, entre os alfanjes, coroado de rainúnculos,
Chama o teu inimigo e a virgem que encontrei.
Na praia, além do rosto, eu agora estou morto.
O azar é um dançarino. Amanhã serás rei.

AUTO DO POSSESSO

O sage, Dichter, was du tust? – Ich rühme.
                                    Rilke

Para Carmen

CENA I

UM GIGANTE SUGA A NOITE PELOS EUCALIPTOS

O AMANTE

Dá-me, ó Amada de olhos vítreos,
que eu te celebre nos jardins suspensos
onde o delírio abriu as pétalas do álcool!

A AMADA

Ouve:
Agora, junto ao mar,
um enxadrista joga.

O AMANTE

O outono junto ao mar...
Amiga, parte a cápsula do sábado,
e vê que dancem no ar os dervixes do vento

A AMADA

Odeio o mar.
Odeio o ruído do mar. O vento.
Olha a porfia dos cavalos pretos
no teu vizinho que jogou xadrez!

O ENXADRISTA (para o Amante)

Que fazer dos peões do levante
e do velho rei cativo?
Que fazer da rainha branca
apavorada entre os roques?

A AMADA

Jogá-la ao mar.
Eu disse: é jogá-la ao mar.

O AMANTE

Amiga, dá-me que eu cante
à luz de uma estrela crua;
onde teu corpo jazia, coalhado de rosas mornas;
onde os rostos dos suicidas entrementes se devoram;
onde nasce um lírio adunco, à luz de uma estrela crua.

CENA II

O ESPELHO DIANTE DO MAR

O POSSESSO

A que vai morrer nas águas
vestiu-se de insônia e tule,

fiou seus cabelos verdes
na roda do vento sul.
A que vai morrer nas águas
caminha entre lampadários,
fugida do ás de espadas,
é a doida que vem do sul.

O EXORCISTA

No sexto dia tu eras
a voz que imprecava ao céu.
Eras o bruxo e sentavas
à esguelha de Capricórnio.

A AMADA

... Jogá-la ao mar.

O EXORCISTA

Colheste o lótus salobro
no turvo arroio da febre
que desce dum monte calvo
por sete bocas de treva.

O POSSESSO

Que pode a face da lua
contra sua tépida face
de lua mal-sazonada?
Que podem os olhos d'água
contra seus olhos que acenam
fanais e espumas à água?

A AMADA E O EXORCISTA (a um tempo)

Eu disse: é jogá-la ao mar!

O ENXADRISTA

Modera, ó bispo noturno,
a faina em meu tabuleiro
e atende: um poeta nasce
nos bulbos do mês de agosto.

CENA III

A MONTANHA E O VALE

O ENXADRISTA

Teu filho nasce do ventre
duma virgem do Tibet,
cuja flor, polinizei-a
nas estufas do desmaio.
Ele será o feiticeiro de Radja Gomba,
e sua voz precipita as rolas carnívoras
quando o YAMA polifronte
dança no círculo das mãos.

O EXORCISTA

Por isso,
renuncia!

O ENXADRISTA

Proporá libações nos sabats de setembro,
onde magas desnudas assolam o quadrante
amarradas à crina dos javalis.

O EXORCISTA

Por isso,
renuncia!

A AMADA

Rude e cruento, o amor!
Meu seio lhe dará moderação e páscoa.
Enfraqueço na água o vinho dos meus lábios,
e minha carne sabe a pão ázimo ou trevo.

O EXORCISTA

Renuncia,
oh renuncia!

O POSSESSO

Certo poderei acalentar-te o púbis
minado de papoulas!
Dá-me, ó rês submissa, que eu celebre,
e que erga o teu corpo no meu canto
como um troféu no topo dos cristais!

O ENXADRISTA

Mulher,
eis aí teu filho.

THÁLASSA THÁLASSA
(1951)

1

Não sabemos do Mar.
O Mar varonil com seus testículos de ouro
O Mar com seu coração cardial de folhas verdes
E suas imensas brânquias de peixe aprisionado
O Mar, não esse que dá às nossas costas
Pantera de espuma que as mulheres domesticam
Em suas redes de látex
Rei de bizâncio e ungüento movendo entre as esposas
As mãos manicuradas.

Não sabemos do Mar.
O dia nos confia entre a pobre matéria da madeira calada
Entre os pássaros ocos, os cavalos de força e a mucosa eletrônica
E à noite adoramos o Sol de Galalite e o Poderoso Ás de Espadas
Enquanto os cinocéfalos correm sobre os nossos telhados
Aguardando a Mulher-Nua que há de aparecer com seus pequenos seios
Bela como o almíscar que rói as pituitárias
E as zibelinas mortas em torno de suas nádegas de prata.

2

Não sabemos do Mar.
                    Ó trombetas de osso!
Pífaros surdos emborcados na areia!
– Um pássaro que se perdeu no céu de celofane
Esquece o seu grito de gaivota marinha.

É aqui a Morte de Sete-Palmos-de-Terra
E tríplice coroa de chumbo sobre a fronte
A Morte, o Grande-Cão montando um asno negro
E tangendo à sua frente os zabumbas do luto.

É aqui a Terra-Firme e os Navios-Ancorados
A Madeira-de-lei e as Construções-de-Pedra
– O homem que lê a sorte nas vísceras sagradas
Suspende à sua porta o bucrânio dos loucos.

... E falam de uma Cidade antiga
Como essa moeda de argila
E viva como o odor desta rosa.
Dos seus mercados onde se bebia o vinho de lótus
Dos seus destinos confiados a Anciãos de barbas de papirus

De suas Leis, de seus Deuses, e de suas Virgens, seus Reis:
E o imenso dique de pedra erguido por seu povo
Para deter o Mar
– São essas torres de prata que vemos à vasa da maré –
E Ele agora a recobre como um verde morcego
Recolhendo a membrana das asas e às avessas
Suspenso
Como um verde morcego em sua sesta lunar.

3

Eu também praticando os Ritos Fúnebres da Rosa
Quando os Amigos – Os Templários de um Mistério sem Templo –
Cruzam as lanças e se afastam num adeus melancólico
Eu nada sei do Mar, mas o Poema o supre,
E um escaravelho de esmeralda pousado em minha fronte
Fala-me em sua rude algaravia marítima:

– O Mar, Galo Sultão com seu clarim de espanha
Seu triunfo de trezentos potros de ametista
Quando belo e animal rói as próprias entranhas
E um punho de sal se abate no horizonte.

– O Mar em seu decúbito dorsal de folhas verdes
Sargão de uma longínqua dinastia de púrpura
Dom diniz lavrador de suas lavras de espuma
Falconeiro, e no ombro o seu falcão – a Lua.

– O Mar,
Não esse leão de pedraria que dá às nossas praias
Sol hidrópico, tigre
De tornassol que as mulheres amansam com o triângulo
Núbil em seus ventres de benjoim e eletro-imã.

– O Mar, mancebo hirsuto
Com peixes nas virilhas

– O Mar, coração cardial
Crivado de espadartes
E no peito de dura substância marinha
Como imensa tatuagem a fósforo e santelmo
O esqueleto de coral de todos os seus mortos.

4

E um menino ergue-se entre os homens e senta-se entre os sábios
(Teu signo, ó Mistério, o carbúnculo sobre a testa dos linces!)
Um menino de orfandade magnífica, como o último de uma Raça.
Entre o Povo das Cavernas, o Povo da Terra-Firme
Os Comedores-de-Terra
Cujos primogênitos apodrecem em cântaros de barro
E são os deuses-do-alicerce, os padroeiros, os lares
Das Construções-de-pedra e dos Bens-de-raiz.

Um menino sentado entre os sábios e erguido entre os homens!

O Bastardo, o Herdeiro
Presuntivo de uma Linhagem a extinguir-se
(Como os híbridos nas espécies carregando a semente infecunda)
E fala do Mar e de ancestrais de límpida
Geração marinha
Aos Doutores que escrevem sobre placas de adobe
Às mulheres que tingem as unhas dos pés com um esmalte de múrex
E a um homem que enterra os seus mortos nas manhãs de Domingo
Colocando-lhes sob a língua uma pequena moeda
E recheando-lhes o ventre de natrão e especiarias...

5

Um menino, e sua fronte
Como a asa de um pássaro de marfim.
Um menino, e sua voz como a têmpera de uma espada
E uma insolação de vogais restaurando a língua-d'oc dos vaticínios!

6

– Tu, Deusa-Leoa
Ó Morte de esporões de bronze
– Morte marítima, não essa de Sete-Palmos-de-Terra... –

Ergue o tridente de ouro, favorece
Também os alísios do Poema.

Virgem barroca, figura
Na proa dos navios
Sacode a cabeleira abissal perfumada de pólipos
Quando o Mar almirante Te empolga e o tatuas no peito
Com o esqueleto de coral de todos os seus mortos.

Sustém a andança do Poema, ó Favorita,
De fúnebre nudez sitiada por eunucos
Enquanto sobre Ti os dátilos claros como digitális
Se abrem
E nada à Tua ilharga o cardume aguerrido dos delfins.

– E Tu, Árvore da Linguagem,
Mão do Verbo
Cujas raízes se prendem no umbigo do Mar
Ergue Tua copa incendiada de dialetos
Onde a Ave-do-Paraíso é um Íris de Aliança
E a Fênix devora os rubis de si mesma.
Recebe este idioma castiço como um ouro votivo
E as primícias do Poema, novilhas não juguladas
Te sejam agradáveis!
Tu, Mãe do Verbo cercada de hespérides desnudas,
Cuja fala é sinistra qual a voz dos Oráculos,
E bífida como a língua dos Dragões...

7

Um menino, e seu Canto
Como um pouco de sal nos ritos de Amizade...

8

... Mas um dia o Povo se cansará de ouvi-lo,
O Povo se cansará de chamá-lo "O Justo"!
(Nesse dia os telefones serão pássaros de gargantas ocas
Repetindo para sempre os nomes pérfidos do Exílio
E escorpiões domesticados devorarão a língua dos rouxinóis
Para que todos possam ouvir a irretrucável
Dialética do Encéfalo Eletrônico).

– E como os Dez Mil que viram o mar e disseram "O Mar"!
– E como o Doge de arnês de prata no Bucentauro de núpcias
– Ou essa criatura – a medusa – de pura substância marinha
Tão límpida que a retina não filtra – azul sem tara,

Um homem desce das Terras-Firmes e procura
O Mar
– O Mar varonil com seus testículos de ouro
– O Mar paternal de tórax iracundo
E sonoros pulmões de búfalo encerrado,
E àquele imenso coração de nardo e folhas verdes
Cola o seu coração filial rodeado de ametistas.

– É esse elmo de púrpura que vemos na vazante das águas...

CIROPÉDIA OU A EDUCAÇÃO DO PRÍNCIPE
(1951)

ciropédia ou a educação do príncipe

> *You find my words dark. Darkness*
> *is in our souls, do you not think?*
> James Joyce

1

A Educação do Príncipe em Agedor começa por um cálculo ao coração. Jogam-se os dados, puericultura do acaso e se procura aquela vértebra cervical de formato de estrela ou as filacteras enroladas no antebraço direito: sinal certo do amor.

Em Agedor o Príncipe é um operário do azul: de suas mãos edifica – infância – as galas do cristal e doura o andaime das colméias: paz de câmaras ardentes.

O Preceptor – Meisterludi – dá o tema: rigor! As matemáticas: cáries de uma série gelada. Linguamortas: oblivion sagrando a raiz dos árias: ars. Linguavivas: amor.

O Príncipe, desde criança, é um aluno do instinto. Saúda as antenas dos insetos. Ave! às papilas papoulas e à clorofila – salve! tornassol das espécies sensíveis.

Helianto, doutor solar, sol honorário, o tropismo te ensina a graça das elipses?
Ó inferno-afélio do langue heliotropo!
Térmitas: dii inferi!

Ele orienta as abelhas. Ele irisa as libélulas. Ele entra o palácio dos corais e suspende os candelabros.

À hora dos deméritos o Mestre diz: Rigor!

Infância do Príncipe: água de que se fartam infinitas crianças.

2

O Príncipe aprende a equitação do verbo. As palavras ócio e amor nada significam em Agedor – pois significam tudo.

Impúbere, ele pensa: a pluma o pajem
As aias – coro de vozes – baixelas de seu banquete.

Em Agedor, o Tempo – diz-se – Camaleão melancólico/distende a língua e colhe um inseto de bronze.

3

Núpcias Paranúpcias Pronúpcias.

A Educação do Príncipe atinge a sua crise noturna.

Congregação de rubis, a puberdade instaura a missa rubra.

Ele admira as grutas, apalpa as volutas cornucópias, contorna o maralmíscar das sereias.

A Geometria Plana? Júpiter Tetraedro de quadradas espáduas?

– Drósera rotundifólia, amálgama de sílabas cardiais.

Labilingue, ele diz: amor – larva do beijo, ninfa nibelung dum ciclo de legendas.

Meisterludi: Rigor!

Cobiça as galáxias-estrelas, doutora-se em lânguidas palavras: licornes libidinosos e glúteas obsidianas. Luz púrpura.

Em Agedor chega-se à idade por uma súbita coloração roxa sob as unhas.

4

Matriarcado de ovários ávidos: Agedor espera o seu Príncipe.

Ele, o Prónubo, degustando a própria saliva, aprende a Meisterludi as composturas reais.

Uma queda de olhar significando: Graça!

Um torcer de mãos (polegar e índex) significando: Desdita!

Um nuto de cabeça: ele exalta!

Gozar do favor do Príncipe é expressão sem sentido.

Seu favor: primícias do seu arbítrio. Áureo.

5

As mulheres em Agedor são para o amor, não para o sonho.

Elas erguem os joelhos, estendem os rios-lazúli e ofertam ao forasteiro o sexo bivalve.

Melikomeide: doce-ridente.

Vulveludosas mulheres, valvas cor crepúsculo, calipígias
Sorriem
Em bandos, infestam as ruas, em Agedor.

6

Meisterludi ensinou-lhe o peso das vogais
   Plúvia e dilúvio
      sombra e umbra
         Penumbra

E ele compôs uma criatura sonora

     ÁUREAMUSARONDINAALÚVIA

que cintila como um cristal e
possui treze fulgurações diferentes

7

Ornitorrinco, animal litúrgico, ocarinas silvestres e ouriços marinhos disputam teu sexo ambíguo. Relojoeiros e armas brancas, a ordem-cronômetro dos Lugares

Comuns, decretam teu velório e cinzas. Espalmas. Anêmonas como cabeças cortadas, rosas abertas mostrando o maquinismo, um rubi no coração pasteurizado dos relógios.

Eis a gruta e a voluta, as sílabas fêmeas e o falcão viril.

Como joelhos no cio, moendas mandíbulas, tauromaquia gargântua dum poente de touros degolados, gongas. Orológio. Ornitorrincorológio. OM.

Rigor: único Protocolo do Príncipe. Mas seu favor te adula, animal litúrgico, cede à simpatia de tua íris melíflua.

Cumpridos os Deveres de Ofício e as Rotinas Salubres, – teu olhar lubriamoroso, tua glühendpupila.

8

Aquele silencioso cortejo em véus finados, – casamento em Agedor, noções de baixo-ventre.

Quando as arancnesaxilas tecem as teias de ouro-à-luz, e o púbis revela: hostiário de corais, o Paraninfo enverga as luvas: Pudendum.

São rios, são rios de orgasmo e gemas de ovo em albuminas mel.

Verenda muliebria: capela em mucosa barroca, tarântulas de cio e seda a tâmaras ardentes. Pudendum.

Para o Príncipe: um jogo aos canibais. Lostparadiso abrindo em rosas de necrose.

9

Os Fastos em Agedor.

O Príncipe recebe os seus brasões de Estado: Blau.
A golpes de sinopla impera – As armas!
(Beber desta água é uma sêde infinita)

A Educação do Príncipe – lição de coisas luminosas, obreiros para as Obras do Acaso.

10

"Quod Principi placuit..." – Ele decreta a Idade de Ouro. Ele proclama a trégua dos cristais. Luciferário. "Urbi et Orbi..." (lendo) a Távora de Esmeralda do seu Arbítrio: ordália de leões bifrontes.

– "O Idiomaterno. Defesa e ilustração do. Escanfandrista às raízes. Nox animae. Desperado. Enamor: o verbo. Esta loucura: furor verbi. Wortlieb Motamour Loveword – o idiomaterno. O há muito tempo, o desde sempre, o nunca mais? Flor. Última. Mirabilis Miranda: caíram as estátuas. De metal.
– E Hilaritas, te invoco, domadora de hienas hialinas. E os chacais do sarcasmo, negrohumores".

Ele trafica em as. Ele madrepérola o abismo. Ele exige ao Azul a explicação: azul. Todoamoroso grita: "O umbilical. A Árvore Ave! para o babelidioma. A omphalosárvore".

Vós – "Haereticus, nigromante, malfattore, sycophans, idiomacida, verbifalsário". Ele – "A aventura, o périplo, a alquimia, a argonau, o argonauta. O imensudário".

Lausverbi. Armada ao grande vento. Juventude do ano florindo a árvore fóssil. Trabalho de mineiros: perfuratriz ao coração de múmias nafta.

– "O Idiomaterno, o a duras penas, o em outros tempos, o ainda um dia? – Ar.

ÁUREAMUSARONDINAALÚVIA

fada de rouxinóis e frêmito de alas

labilira

náiade mondlúnio dos vocábulos-flauta. Verão
de cigarras cítaradolorosas

núbilúbervólucrevoz

em Tuas mãos o entrego. Ars".

11

Beber desta água é uma sede infinita.

AS DISCIPLINAS
(1952)

Teoria e prática do poema

I

Pássaros de prata, o Poema
ilustra a teoria do seu vôo.
Filomela de azul metamorfoseado,
mensurado geômetra
o Poema se medita
como um círculo medita-se em seu centro
como os raios do círculo o meditam
fulcro de cristal do movimento.

II

Um pássaro se imita a cada vôo
zênite de marfim onde o crispado
anseio se arbitra
sobre as linhas de força do momento.
Um pássaro conhece-se em seu vôo,
espelho de si mesmo, órbita
madura,
tempo alcançado sobre o Tempo.

III

Equânime, o Poema se ignora.
Leopardo ponderando-se no salto,
que é da presa, pluma de som,
evasiva
gazela dos sentidos?
O Poema propõe-se: sistema
de premissas rancorosas
evolução de figuras contra o vento
xadrez de estrelas. Salamandra de incêndios
que provoca, ileso dura,
Sol posto em seu centro.

IV

E como é feito? Que teoria
rege os espaços de seu vôo?
Que lastros o retêm? Que pesos
curvam, adunca, a tensão do seu alento?
Cítara da língua, como se ouve?
Corte de ouro, como se vislumbra,
proporcionado a ele o pensamento?

V

Vede: partido ao meio
o aéreo fuso do movimento
a bailarina resta. Acrobata,
ave de vôo ameno,
princesa plenilúnio desse reino
de véus alísios: o ar.
Onde aprendeu o impulso que a soleva,
grata, ao fugaz cometimento?
Não como o pássaro
conforme a natureza
mas como um deus
contra naturam voa.

VI

Assim o Poema. Nos campos do equilíbrio
elísios a que aspira
sustém-no sua destreza
Ágil atleta alado
iça os trapézios da aventura.
Os pássaros não se imaginam.
O Poema premedita.
Aqueles cumprem o traçado da infinita
astronomia de que são órions de pena.
Este, árbitro e justiceiro de si mesmo,
Lusbel libra-se sobre o abismo,
livre,
diante de um rei maior
rei mais pequeno.

O Â MAGO DO Ô MEGA
(1955-1956)

```
          o
â mag   o
   d    o         o
        ô  meg  a
                m
                g
                    o
```

SI

marsupialamor   mam
ilos de lam
préias presas   can
ino   am
or
turris   de   talis
man
gu   (LEN)
tural   aman
te   em te
nebras febras
de   febr
uário   fe
mural   mor
tálamo   t'
aurifer
oz : e
         foz
paz
         ps

CIO

no

    â   mago   do   ô   mega

                um   olho
                um   ouro
                um   osso

sob

    essa   pe (vide de vácuo)nsil
    pétala   p a r p a d e a n d o   cílios
                pálpebrà
    amêndoa   do   vazio   pecíolo: a   coisa
    da coisa
    da coisa

                um   duro
                tão   oco
                um   osso
                tão   centro

                                    um corpo
                cristalino   a   corpo
                fechado   em   seu   alvor

                      ero
                Z
                            ao
                      ênit

                                                  nitescend

                            ex
                            nihilo

FOME DE FORMA
(1958)

cristal
  cristal
    fome
cristal
  cristal
    fome de forma
       cristal
         cristal
     forma de fome
       cristal
         cristal
       forma

mais   mais

menos mais   e   menos

        mais ou   menos sem mais

                    nem menos   nem   mais

                                        nem menos menos

                        se
                        nasce
                        morre nasce
                        morre nasce morre
                                        renasce remorre renasce
                                                remorre renasce
                                                        remorre
                                                              re

                re
                desnasce
            desmorre desnasce
    desmorre desnasce desmorre
                            nascemorrenasce
                            morrenasce
                            morre
                            se

```
vem     navio
 vai     navio
  vir     navio
   ver     navio
    ver     não     ver
     vir     não     vir
     vir     não     ver
    ver     não     vir
              ver     navios
```

SERVIDÃO DE PASSAGEM
(1961)

proêmio

mosca ouro?
mosca fosca.

mosca prata?
mosca preta.

mosca íris?
mosca reles.

mosca anil?
mosca vil.

mosca azul?
mosca mosca.

mosca branca?
poesia pouca.

o azul é puro?
o azul é pus

de barriga vazia

o verde é vivo?
o verde é vírus

de barriga vazia

o amarelo é belo?
o amarelo é bile

de barriga vazia

o vermelho é fúcsia?
o vermelho é fúria

de barriga vazia

a poesia é pura?
a poesia é para

de barriga vazia

poesia em tempo de fome
fome em tempo de poesia

poesia em lugar do homem
pronome em lugar do nome

homem em lugar de poesia
nome em lugar do pronome

poesia de dar o nome

nomear é dar o nome

nomeio o nome
nomeio o homem
no meio a fome

nomeio a fome

poema

de sol a sol
soldado
de sal a sal
salgado
de sova a sova
sovado
de suco a suco
sugado

de sono a sono
sonado

sangrado
de sangue a sangue

onde mói esta moagem
onde engrena esta engrenagem

moenda homem moagem
moagem homem moenda

engrenagem
gangrenagem

de lucro a lucro
logrado
de logro a logro
lucrado
de lado a lado
lanhado
de lodo a lodo
largado

sol a sal
sal a sova
sova a suco
suco a sono
sono a sangue

onde homem

                essa moagem

onde carne

                essa carnagem

onde osso

                essa engrenagem

homem forrado
homem ferrado

homem rapina
homem rapado

homem surra
homem surrado

homem buraco
homem burra

homem senhor
homem servo

homem sobre
homem sob

homem saciado
homem saqueado

homem servido
homem sorvo

homem come
homem fome

homem fala
homem cala

homem soco
homem saco

homem mó
homem pó

quem baraço
quem vassalo

quem cavalo
quem cavalga

quem explora
quem espólio

quem carrasco
quem carcassa

quem usura
quem usado

quem pilhado
quem pilhagem

quem uísque
que urina
quem feriado
quem faxina
quem volúpia
quem vermina

carne carniça carnagem

sangragem sangria sangue

homemmoendahomemmoagem

açúcar
nesse bagaço?

almíscar
nesse sovaco?

petúnia
nesse melaço?

índigo nesse buraco?

ocre
acre
osga
asco

canga cangalho cagaço
cansaço cachaço canga
carcassa cachaça gana

de míngua a míngua
de magro a magro
de morgue a morgue
de morte a morte

só moagem
ossomoagem

sem miragem
selvaselvagem

servidão de passagem

*VARIAÇÕES
SEMÂNTICAS*
(1962-1965)

ALEA I – VARIAÇÕES SEMÂNTICAS
(uma epicomédia de bolso)

O ADMIRÁVEL o louvável o notável o adorável
o grandioso o fabuloso o fenomenal o colossal
o formidável o assombroso o miraculoso o maravilhoso
o generoso o excelso o portentoso o espaventoso
o espetacular o suntuário o feerífico o feérico
o meritíssimo o venerando o sacratíssimo o sereníssimo
o impoluto o incorrupto o intemerato o intimorato

O ADMERDÁVEL o loucrável o nojável o adourável
o ganglioso o flatuloso o fedormenal o culossádico
o fornicaldo o ascumbroso o iragulosso o matravisgoso
o degeneroso o incéstuo o pusdentoso o espasmventroso
o espertacular o supurário o feezífero o pestiférico
o merdentíssimo o venalando o cacratíssimo o sifelíssimo
o empaluto o encornupto o entumurado o intumorato

```
N E R U M
D I V O L
I V R E M
L U N D O
U N D O L
M I V R E
V O L U M
N E R I D
M E R U N
V I L O D
D O M U N
V R E L I
L U D O N
R I M E V
M O D U L
V E R I N
L O D U M
V R E N I
I D O L V
R U E N M
R E V I N
D O L U M
M I N D O
L U V R E
M U N D O
L I V R E
```

programa o leitor-operador é
convidado a extrair outras
variantes combinatórias
dentro do parâmetro semântico
dado
as possibilidades de permutação
entre dez letras diferentes
duas palavras de cinco letras cada
ascendem a 3.628.800

ALEA II – VARIAÇÕES SEMÂNTICAS

A murcha da camélia com psius pela lerdidade

A mocha da camela com cios pola lubri darda

A micha da cadélia com véus pula líder ladra

A mecha da cavila com zeus para libré dada

A mancha da fabela corréus nera diverdade

A macha da família comeus bela livrindháde

programa continuar "ad libitum"

cadência marcha

LACUNAE
(1971-1972)

o poeta é um fin
o poeta é um his

poe
pessoa
mallarmeios

e aqui
o meu
dactilospondeu:

entre o
fictor
e o
histrio

eu

arabescando

duzentas
cimitarras
assaltam o
papel

alvor-
califa

pássaros-cimitarras
desvoam a
nata
de seda

cantante
cali-
grafia

branco
(tur-
bante)
no
branco

golpes
de cimitarras

(pássaros)

a seda
capitula

bis in idem

        garças no papel

                contra um branco

                mais seda

                o branco

                esgarça

via chuang-tsé 1

    na

            gaiola do lá

    entrar

    鳥   sem que os

            pássaros-nomes

            arrulhem

via chuang-tsé 2

        recanto

        onde o

        canto

        ex-

        canta

        o zero
        zereia

        o canto
        da

        serena
        serena

                sereia

o poema

        nada

faz-

        ou quase

se

        pouco

GALÁXIAS
(1973-1976)

e começo aqui e meço aqui este começo e recomeço e remeço e arremesso
e aqui me meço quando se vive sob a espécie da viagem o que importa
não é a viagem mas o começo da por isso meço por isso começo escrever
mil páginas escrever milumapáginas para acabar com a escritura para
começar com a escritura para acabarcomeçar com a escritura por isso
recomeço por isso arremeço por isso teço escrever sobre escrever é
o futuro do escrever sobrescrevo sobrescravo em milumanoites miluma-
páginas ou uma página em uma noite que é o mesmo noites e páginas
mesmam ensimesmam onde o fim é o começo onde escrever sobre o escrever
é não escrever sobre não escrever e por isso começo descomeço pelo
descomeço desconheço e me teço um livro onde tudo seja fortuito e
forçoso um livro onde tudo seja não esteja seja um umbigodomundolivro
um umbigodolivromundo um livro de viagem onde a viagem seja o livro
o ser do livro é a viagem por isso começo pois a viagem é o começo
e volto e revolto pois na volta recomeço reconheço remeço um livro
é o conteúdo do livro e cada página de um livro é o conteúdo do livro
e cada linha de uma página e cada palavra de uma linha é o conteúdo
da palavra da linha da página do livro um livro ensaia o livro
todo livro é um livro de ensaio de ensaios do livro por isso o fim-
começo começa e fina recomeça e refina se afina o fim no funil do
começo afunila o começo no fuzil do fim no fim do fim recomeça o
recomeço refina o refino do fim e onde fina começa e se apressa e
regressa e retece há milumaestórias na mínima unha de estória por
isso não conto por isso não canto por isso a nãoestória me desconta
ou me descanta o avesso da estória que pode ser escória que pode
ser cárie que pode ser estória tudo depende da hora tudo depende
da glória tudo depende de embora e nada e néris e reles e nemnada
de nada e nures de néris de reles de ralo de raro e nacos de necas
e nanjas de nullus e nures de nenhures e nesgas de nulla res e
nenhumzinho de nemnada nunca pode ser tudo pode ser todo pode ser total
tudossomado todo somassuma de tudo suma somatória do assomo do assombro
e aqui me meço e começo e me projeto eco do começo eco do eco de um
começo em eco no soco de um começo em eco no oco eco de um soco
no osso e aqui ou além ou aquém ou láacolá ou em toda parte ou em
nenhuma parte ou mais além ou menos aquém ou mais adiante ou menos atrás
ou avante ou paravante ou à ré ou a raso ou a rés começo re começo
rés começo raso começo que a unha-de-fome da estória não me come
não me consome não me doma não me redoma pois no osso do começo só
conheço o osso o osso buco do começo a bossa do começo onde é viagem
onde a viagem é maravilha de tornaviagem é tornassol viagem de maravilha
onde a migalha a maravalha a apara é maravilha é vanilla é vigília
é cintila de centelha é favila de fábula é lumínula de nada e descanto
a fábula e desconto as fadas e conto as favas pois começo a fala

circuladô de fulô ao deus ao demodará que deus te guie porque eu não
posso guiá eviva quem já me deu circuladô de fulô e ainda quem falta me
dá soando como um shamisen e feito apenas com um arame tenso um cabo e
uma lata velha num fim de festafeira no pino do sol a pino mas para
outros não existia aquela música não podia porque não podia popular
aquela música se não canta não é popular se não afina nãol tintina não
tarantina e no entanto puxada na tripa da miséria na tripa tensa da mais
megera miséria física e doendo como um prego na palma da mão um
ferrugem prego cego na palma espalma da mão coração exposto como um nervo
tenso retenso um renegro prego cego durando na palma polpa da mão ao sol
enquanto vendem por magros cruzeiros aquelas cuias onde a boa forma é
magreza fina da matéria mofina forma de fome o barro malcozido no choco
do desgôsto até que os outros vomitem os seus pratos plásticos de bordados
rebordos estilo império para a megera miséria pois isto é popular para
os patronos do povo mas o povo cria mas o povo engenha mas o povo cavila
o povo é o inventalínguas na malícia da mestria no matreiro da maravilha
no visgo do improviso tenteando a travessia azeitava o eixo do sol
pois não tinha serventia metáfora pura ou quase o povo é o melhor artífice
no seu martelo galopado no crivo do impossível no vivo do inviável
no crisol do incrível do seu galope martelado e azeite e eixo do sol
mas aquele fio aquele fio aquele gumefio azucrinado dentedoendo como
um fio demente plangendo seu viúvo desacorde num ruivo brasa de uivo
esfaima circuladô de fulô circuladô de fulô circuladô de fulôôô
porque eu não posso guiá veja este livro material de consumo este aodeus
aedomodarálivro que eu arrumo e desarrumo que eu uno e desuno vagagem
de vagamundo na virada do mundo que deus que demo te guie então porque eu
não posso não ouso não pouso não troço não toco não troco senão nos meus
miúdos nos meus réis nos meus anéis nos meus dez nos meus menos nos meus
nadas nas minhas penas nas antenas nas galenas nessas ninhas mais pequenas
chamadas de ninharias como veremos verbenas açúcares açucenas ou
circunstâncias somenas tudo isso eu sei não conta tudo isso desaponta não
sei mas ouça como canta louve como conta prove como dança e não peça que
eu te guie não peça despeça que eu te guie desguie que eu te peça promessa
que eu te fie me deixe me esqueça me largue me desamargue que no fim eu
acerto que no fim eu reverto no fim eu conserto e para o fim me reservo
e se verá que estou certo e se verá que tem jeito e se verá que está feito
que pelo torto fiz direito que quem faz cesto faz cento se não guio
não lamento pois o mestre que me ensinou já não dá ensinamento bagagem de
miramundo na miragem do segundo que pelo avesso fui dextro sendo avesso
pelo sestro não guio porque não guio porque não posso guiá e não me peça
memento mas more no meu momento desmande meu mandamento e não fie
desafie e não confie desfie que pelo sim pelo não para mim prefiro o não
no senão do sim ponha o não no im de mim ponha o não o não será tua demão

79

fecho encerro reverbero aqui me fino aqui me zero não canto não conto
não quero anoiteço desprimavero me libro enfim neste livro neste vôo
me revôo mosca e aranha mina e minério corda acorde psaltério musa
nãomaisnãomais que destempero joguei limpo joguei a sério nesta sêde
me desaltero me descomeço me encerro no fim do mundo o livro fina o
fundo o fim o livro a sina não fica traço nem seqüela jogo de dama ou
de amarela cabracega jogo da velha o livro acaba o mundo fina o amor
despluma e tremulina a mão se move a mesa vira verdade é o mesmo que
mentira ficção fiação tesoura e lira que a mente toda se ensafira e
madriperla e desatina cantando o pássaro por dentro por onde o canto
dele afina a sua lâmina mais língua enquanto a língua mais lamina
aqui me largo foz e voz ponto sem nó contrapelo onde cantei já não
canto onde é verão faço inverno viagem tornaviagem passand'além
reverbero não conto não canto não quero descadernei meu caderno
livro meu meu livrespelho dizei do livro que escrevo no fim do
livro primeiro e se no fim deste um um outro é já mensageiro do
novo no derradeiro que já no primo se ultima escribescravo tinteiro
monstro gaio velho contador de lériaslendas aqui acabas aqui desabas aqui
abracadabracabas ou abres sèsamoteabres e setestrelas
cada uma das setechaves sigilando à tua beira à beira-ti beira-
nada vocêvoz tutresvariantes tua gaia sabença velhorrevelho contador
de palavras de patranhas parêmias parlendas rebarbas falsário de
rebates finório de remates useiro de vezos e vezeiro de usos
tuteticomigo conosconvosco contingens est quod potest esse et
non esse tudo vai nessa foz do livro nessa voz e nesse vós do livro
que saltimboca e desemboca e pororoca nesse fim de rota de onde não
se volta porque no ir é volta porque no ir revolta a reviagem que se faz
de maragem de aragem de paragem de miragem de pluma de aniagem
de téssil tecelagem monstrogaio boquirroto emborcando o
teu solo mais gárrulo colapsas aqui neste fim-de-livro onde a fala
coalha a mão treme a nave encalha mestre garço velhorrevelho
mastigador de palavras malgastas laxas acabas aquiacabas
tresabas sabiscôndito sabedor de nérias com tua gaia sabença teus
rébus e rebojos tuas charadas de sonesgas sonegador de fábulas
contraversor de fadas loqüilouco snobishomem arrotador de vantagem
infusor de ciência abstractor de demência mas tua alma está salva
tua alma se lava nesse livro que se alva como a estrela mais d'alva
e enquanto somes ele te consome enquanto o fechas a chave ele se
multiabre enquanto o finas ele translumina essa linguamorta essa
moura torta esse umbilifio que te prega à porta pois o livro é teu
porto velho faustinfausto mabuse da linguagem persecutado por teus
credores mefistofamélicos e assim o fizeste assim o teceste assim
o deste e avrà quasi l'ombra della vera costellazione enquanto a
mente quase-íris se emparadisa neste multilivro e della doppia danza

SIGNÂNCIA QUASE CÉU
(1976-1978)

um tigre dormindo
a locusta: suas
mandíbulas

a flor
garras

um peso
pênsil

sangue osso carne músculo

assim o
pincel
na página

esta
arte
ou o

caráter

uma dança
de espadas

esta
escrita
delirante

lâminas cursivas

a lua
entre dois
dragões

com uma haste
de bambu
passar
por entre lianas
sem desenredá-las

leitura de novalis / 1977

tinta branca

sobre

carta branca

escrever é uma forma de

ver

alles ist samenkorn
tudo é semente

flamíssono

aproximações ao topázio – 1

> *Tierische Natur der Flamme*
> NOVALIS

um leão
microcéfalo
explode:

a palavra
topázio

STATUS VIATORIS:
ENTREFIGURAS
(1978)

figura de palavras: vida (1)

esqueletos polidos
poliedros
ecos de diamante
esta face é um sinal
um sinal
esta face
heliotropias espelhos espectros
nuvens convexas como dedos
estalidos de dedos
esta face é um espelho
e um sinal
poliedro polieco
vacante de espaços
armários onde o sol
não chega para a desova
diurna
urna esta face o sinal
fechado no sobretudo violeta
na solitude violeta
um corpo
um copo
a água se represa na minúcia
e lacrima no olho
desordens centopéias centauros fingidos
fogos de palha tempestades
no copo
um cemitério de fósforos riscados
piróvagos

a palavra é isto vulva
de cadela úvula
vibrante de som
migranas fantasmagorias
um gosto de escarlate
nas narinas

a palavra pode isso
tudo pede
isso tudo

perde isso tudo papilas
amônia precipitada harmonias
contactos
pupilas

a palavra

amor êxtases emulsões
sinuosidades constelantes
nus

sob lentes grossas
sob uma ducha de nitrato de
prata

A EDUCAÇÃO DOS CINCO SENTIDOS
(1979-1984)

A EDUCAÇÃO DOS CINCO SENTIDOS

1.   chatoboys (oswald)
     fervilhando
     como piolhos

     peirce (proust?) considerando
     uma cor – violeta
     ou um odor –
     repolho
     podre

     odre – considere
     esta palavra: vinhos,
     horácio, odes
     (princípio do
     poema –
     ogre)

2.   o purgatório é isso:
     entre / inter-
     considere
     o que vai da palavra stella
     à palavra styx

3. (marx: a educação dos cinco
    sentidos

    o táctil o dançável
    o difícil
    de se ler / legível
    visibilia / invisibilia
    o ouvível / o inaudito
    a mão
    o olho
    a escuta
    o pé
    o nervo
    o tendão)

4. o ar
    lapidado: veja
    como se junta esta palavra
    a esta outra

    linguagem: minha
    consciência (um paralelograma
    de forças não uma simples
    equação a uma
    única
    incógnita): esta
    linguagem se faz de ar
    e corda vocal
    a mão que intrinca o fio da
    treliça / o fôlego
    que junta esta àquela
    voz: o ponto
    de torção

trabalho diáfano mas que
se faz (perfaz) com os cinco
sentidos

com a cor o odor o repolho os piolhos

5. trabalho tão raro como
girar um pião na
unha

mas que deixa seu rastro
mínimo (não prescindível)
na divisão (cisão) comum
do suor

rastro latejante / pulso
dos sentidos que se (pre)formam:
im-prescindível (se mínimo)

o cisco do sol no olho
– claritas: jato epifânico!
alguns registros modulações
papel granulado ou liso uma dobra
certa um corte
seguro um tiro
na mosca

num relâmpago o tigre atrás da corça
(sousândrade)

o salto tigrino

6. o que acresce
resta
(nos sentidos)

ainda que mínimo
(húbris do mínimo
que resta)

ODE (EXPLÍCITA) EM DEFESA DA POESIA NO DIA DE SÃO LUKÁCS

os apparátchiki te detestam
poesia
prima pobre
(veja-se a conversa de benjamin
com brecht /
sobre lukács gabor kurella /
numa tarde de julho
em svendborg)

poesia
fêmea contraditória
te detestam
multifária
mais putifária que a mulher de
putifar
mais ofélia
que hímen de donzela
na ante-sala da loucura de hamlet

poesia
que desvia da norma
e não se encarna na história
divisionária rebelionária visionária
velada / revelada
fazendo strip-tease para teus próprios (duchamp)
celibatários
violência organizada contra a língua
(a míngua)
cotidiana

os apparátchiki te detestam
poesia
porque tua propriedade é a forma
(como diria marx)
e porque não distingues
o dançarino da dança
nem dás a césar o que é de césar
/ não lhe dás a mínima (catulo):
sais com um poema pornô
quando ele pede um hino

serás a hetaera esmeralda
de thomas mann
a dragonária agônica
de asas de sífilis
?
ou um fiapo de sol no olho
selenita de celan
?

ana akhmátova te viu
passeando no jardim
e te jogou nos ombros
feito um renard
de prata mortuária

walter benjamin
que esperava o messias
saindo por um minúsculo
arco da história no
próximo minuto
certamente te conheceu
anunciada por seu angelus novus
milimetricamente inscrita num grão de trigo
no museu de cluny

adorno te exigiu
negativa e dialética
hermética prospéctica emética
recalcitrante

dizem que estás à direita
mas marx (le jeune)
leitor de homero dante goethe
enamorado da gretchen do fausto
sabia que teu lugar é à esquerda
o louco lugar alienado
do coração

e até mesmo lênin
que tinha um rosto parecido com verlaine
e que no entanto (pauvre lélian)
censurou lunatchárski
por ter publicado mais de mil cópias
do poema "150.000.000" de maiakóvski
– papel demais para um poema futurista! –
mesmo lênin sabia
que o idealismo inteligente está mais perto
do materialismo
que o materialismo do materialismo
desinteligente

poesia
te detestam
materialista idealista ista
vão te negar pão e água
(para os inimigos: porrada!)
– és a inimiga
poesia

só que um dervixe ornitólogo khlébnikov
presidente do globo terrestre
morreu de fome em santalov
num travesseiro de manuscritos
encantado pelo riso
faquirizante dos teus olhos

e jákobson roman
(amor / roma)
octogenário plusquesexappealgenário
acaricia com delícia
tuas metáforas e metonímias
enquanto abres de gozo
as alas de crisoprásio de tuas paronomásias
e ele ri do embaraço austero dos savants

e agora mesmo aqui mesmo neste monte
alegre das perdizes
dois irmãos siamesmos e um oleiro
de nuvens pignatari
(que hoje se assina signatari)
te amam furiosamente
na garçonnière noigandres
há mais de trinta anos que te amam
e o resultado é esse
poesia
já o sabes
a zorra na geléia
geral
e todo o mundo querendo tricapitar
há mais de trinta anos
esses trigênios vocalistas
/ que idéia é essa de querer plantar
ideogramas no nosso quintal
(sem nenhum laranjal   oswald)?
e (mário) desmanchar
a comidinha das crianças?

poesia pois é
poesia

te detestam
lumpenproletária
voluptuária
vigária
elitista piranha do lixo

porque não tens mensagem
e teu conteúdo é tua forma
e porque és feita de palavras
e não sabes contar nenhuma estória
e por isso és poesia
como cage dizia

ou como
há pouco
augusto
o augusto:

que a flor flore

o colibri colibrisa

e a poesia poesia

COMO ELA É

acupunturas com raios cósmicos
realismo: a poesia como ela é
inscrições rupestres na ponta da língua
poesia à beira-fôlego: no último fole do pulmão
como ela é (a poesia)
fogo (é)
fogo
(a poesia)
fogo

MINIMA MORALIA

já fiz de tudo com as palavras

agora eu quero fazer de nada

OPÚSCULO GOETHEANO – 1

> *... die Natur kann die*
> *Entelechie nicht entbehren...*
> *(... a natureza não pode*
> *dispensar a entelequia...)*

manter a entelequia
ativa
quero dizer
como o fósforo
(branco)
que acende dentro d'água
com o fogo no pórfiro
(dentro)
a pala d'oro

*

a entelequia:
o que enracina
e desraíza
o que centra
e descentra
o que ímã
e desimanta

o que no corpo
desincorpa
e é corpo: áureo
aural
aura

*

mantê-la viva
no arco voltaico dos cinquent'anos
consona a lira dos vinte
e vibra
é o mesmo fogo no signo do leão
para a combustão desta página
virgem
o mesmo soco no plexo solar
a mesma questão (combustão)
de origem

*

a enteléquia
mantê-la
viva

*

entre larva e lêmure
viva
entre treva e tênue
viva
entre nada e nênia
viva

*

a enteléquia
esse fazer que se faz de fazer

*

talvez um pó
depois que a asa cai
e desala
(cala)

um íris   um cisco
luminoso
um último rugitar dos neurônios
farfalhados   um nu de urânio
alumbrando
sensório: pala d'oro

ou a chama que tirita
no âmago do pórfiro

*

mantê-la ativa   a enteléquia

*

rosácea de nervuras negras
vapor de ouro
por onde o azul e o roxo coam

vê-la para além   transvê-la

chuva de rosas   destenebrantes
aspirar esse aroma

viva mantê-la viva
a enteléquia

*

uma forma do transcender no descender

*

poeira radiosa
quartzo iridescente
a natureza incuba a metáfora
da forma
e tresnatura: formas
em morfose

*

ativa:
a enteléquia ativa: a
música das esferas

*

não há anjos nessa órbita querúbica
há poeira (poesia) radiante
casulos resolvidos em asas

um comover de harpa eônia
um riso onde a dissolta enteléquia
(nó desfeito no após do pó)
primavera

1984: ANO 1, ERA DE ORWELL

enquanto os mortais
aceleram urânio
a borboleta
por um dia imortal
elabora seu vôo ciclâmen

TENZONE

um ouro de provença
(ora direis) uma doença
de sol   um sol queimado
desse vento mistral (que doura e adensa)
provedor de palavras   sol-provença
ponta de diamante   rima em ença
como quem olha   a contra-sol
e a contravento   pensa

Cogolin, Provence

TRANSLUMINURAS
(1973-1983)

*Der wahre Uebersetzer... Er muss der
Dichter des Dichters seyn...
(O verdadeiro tradutor... Ele deve ser
o poeta do poeta...)* **Novalis**

HERÁCLITO REVISITADO

para francisco achcar

aión

vidatempo:
um jogo de
criança

(reinando
o Infante
Infância)

ho ánax

o oráculo
em Delfos
não fala
nem cala

        assigna

hélios

o Sol não desmesura

(ó Eríneas, servas de Dike,
justiçadoras)

hai psychaì psychēs esti lógos

almas farejando no Hades

alma-logos
semprexpandir-se

eoûs kaì hespéras

lindes
de aurora
e ocaso

a Ursa
e face à Ursa

o marco de Zeus coruscante

fisis filocríptica

desvelos
do sem-véu
pelo velar-se

ho kállistos kósmos

varredura do acaso   belo
cosmos

caleidocosmos

lixo (luxo) do acaso
                                      cosmos

pánta rheî

tudo riocorrente

LITAIPOEMA: TRANSA CHIM

entre flores 花間 : uma jarra de vinho

solitário   bebendo sem convivas

erguer a copa à lua lunescente 明月

lua e sombra   :   somos três agora

      mas a lua é sóbria
      e em vão
      a sombra me arremeda)

um instante   sombra e lua: celebremos

a alegria   volátil primavera!

    canto   e a lua   月   se evola

    danço   e a sombra   影   se alvoroça

despertos   o prazer nos unia

ébrios   separamos os caminhos

nós de água 水結 nunca mais reatáveis?

já nos veremos pela Via Láctea 雲漢 * * *

BALADETA À MODA TOSCANA

(para arrabil e voz,
e para ser musicada por
Péricles Cavalcanti)

Porque eu não espero retornar jamais
à Lira Paulistana,
diz àquela Diana
caçadora, que eu amo
e que me esquiva,
que dê o que eu reclamo:
de pouco ela se priva
e me repara o dano
de tanto desamor.

Porque eu não espero retornar jamais
à Londres suburbana,
diz àquela cigana
predadora, que eu gamo
e que me envisga,
que uma vez faça amo
(e se finja cativa)
deste seu servidor.

Mas diz-lhe que me esgana
passar tanta tortura,
e que desde a Toscana
até o Caetano
jamais beleza pura
tratou com tal secura
um pobre trovador.

Vai canção, vai com gana
à Diana cigana,
e diz que não se engana,
quem semana a semana,
sem fé nem esperança,
faz poupança de amor.
Chega dessa esquivança:
que a dor também se cansa
e a flor, quando se fana,
não tem segunda flor.

Quem sabe uma figura
uma paulist'humana
figura de Diana
me surja de repente;
e mostre tanto afeto
que o meu pobre intelecto
saia a voar sem teto
sem ter onde se pôr.
Ânimo, alma, em frente:
diante de tanta Diana
o corpo é o pensador.

META-PINTURAS E META-RETRATOS
(1984)

PARAFERNÁLIA PARA HÉLIO OITICICA

1.
retículas
redes desredes
reticulares ares áreas
tramas retramas redes
áreas
reticulares
reticulária
colares de quadrículos
contas cubículos
áreas ares
tramas retramas
desarticulária
de áreas reais
o rosto implode
camaleocaleidoscópico

2.
o amarelo
os elos do amarelo
o vermelho
os espelhos do vermelho
o verde
os revérberos do verde
o azul
os nus do azul
os martelos do amarelo
as veredas do vermelho
os enredos do verde
os zulus nus do azul
os brancos elefantes do branco

3.
hélios, o sol, não desmesura

4.
(cineteatro nô / psicocenografado por sousândrade
                     com roteiro ideogrâmico de eisenstein):

        onde se lê *hagoromo*, leia-se *parangolé*
        onde se vê *monte fuji*, veja-se *morro da mangueira*
            o parangoromo
                      pluriplumas
        se héliexcelsa
        hélinfante
        celucinário
        até
        decéuver-se
        no céu do
        céu

5.
hélio sobe no zepelim das cores
movido a parangol'hélium
e se dissolve no sol do céu

HIERÓGLIFO PARA
MÁRIO SCHENBERG

o olhar transfinito de mário
nos ensina
a ponderar melhor a indecifrada
equação cósmica

cinzazul
semicerrando verdes
esse olhar
nos incita a tomar o sereno
pulso das coisas
a auscultar
o ritmo micro-
macrológico da matéria
a aceitar
o *spavento della materia* (ungaretti)
onde kant viu a cintilante lei das estrelas
projetar-se no céu interno da ética

na estante de mário
física e poesia coexistem
como as asas de um pássaro –
espaço curvo –
colhidas pela têmpera absoluta de volpi

seu marxismo zen
é dialético
e dialógico

e deixa ver que a sabedoria
pode ser tocável como uma planta
que cresce das raízes e deita folhas
e viça
e logo se resolve numa flor de lótus
de onde
      – só visível quando nos damos conta –
um bodisatva nos dirige seu olhar transfinito

FINISMUNDO:
A ÚLTIMA VIAGEM
(1989-1990)

> *... per voler veder trapassò il segno*

I.

Último
Odisseu multi-
ardiloso   – no extremo
Avernotenso limite   – re-
propõe a viagem.
                      Onde de Hércules
as vigilantes colunas à onda
escarmentam: vedando mais um
passo   – onde passar avante quer
dizer trans-
gredir a medida   as si-
gilosas siglas do Não.
                            Onde
a desmesura   húbris-propensa   ad-
verte: não
ao nauta   – Odisseu (
branca erigindo a capitânea
cabeça ao alvo endereçada)   pre-
medita: trans-
passar o passo: o impasse-
-a-ser: enigma
resolto   (se afinal) em
finas carenas
de ensafirado desdém   – ousar.

Ousar o mais:
o além-retorno   o após: im-
previsto filame na teia de Penélope

                                                                       Ousar

desmemoriado da Ítaca   – o
além-memória   – o
revés: Ítaca ao avesso:
a não-pacificada
vigília do guerreiro   – no lugar

da ventura o aventuroso
deslugar   – *il folle volo.*
Tentar o não tentado   –
expatriado esconjuro aos deuses-lares.

                                                                         Re-

incidir na partida.   Ousar   –
húbris-propulso   – o mar
atrás do mar.   O ínvio-obscuro
caos pelaginoso
até onde se esconde a proibida
geografia do Éden – Paradiso
terreno: o umbráculo interdito
a lucarna: por ali
istmo   extremo ínsula
se tem acesso ao céu
terrestre: ao transfinito.

                                                  Odisseu senescendo

rechaça a pervasiva   – capitoso
regaço de Penélope   –
consolação da paz.   Quilha nas ondas
sulca mais uma vez   (qual nunca antes)
o irado
espelho de Poséidon: o cor-de-vinho
coração do maroceano.
                       Destino: o desatino
o não-mapeado
Finismundo: ali
onde começa a infranqueada
fronteira do extracéu.

                       Assim:
partir o lacre ao proibido: des-
virginar o véu.   Lance
dos lances.   Irremissa
missão voraginosa.
                       Ele foi   –
Odisseu.
             Não conta a lenda antiga
do Polúmetis o fado demasiado.
                           Ou se conta
desvaira variando: infinda o fim.

Odisseu foi.   Perdeu os companheiros.
À beira-vista
da ínsula ansiada   – vendo já
o alcançável Éden ao quase
toque da mão: os deuses conspiraram.

O céu suscita os escarcéus do arcano.

A nave repelida

abisma-se soprada de destino.

                                          Odisseu não aporta.

Efêmeros sinais no torvelinho

acusam-lhe o naufrágio   –

instam   mas declinam

sossobrados no instante.

                              Água só.   Rasuras.

E o fado esfaimando.   Última.

                                      thánatos eks halós
morte que provém do mar salino

húbris

              Odisseu senescente

da glória recusou a pompa fúnebre.

Só um sulco

cicatriza no peito de Poséidon.

Clausurou-se o ponto.   O redondo

oceano ressona taciturno.

Serena agora o canto convulsivo

o doceamargo pranto das sereias

(ultrassom incaptado a ouvido humano).

                            ... *ma l'un di voi dica*
dove per lui perduto a morir gisse

2.

Urbano Ulisses
sobrevivido ao mito

(eu e Você   meu hipo-
côndrico crítico
leitor)   – civil
factótum   (polúmetis?)
do acaso computarizado.   Teu
epitáfio?   Margem de erro: traço
mínimo digitado
e à pressa cancelado
no líquido cristal verdefluente.
                        Périplo?
Não há.   Vigiam-te os semáforos.
Teu fogo prometéico se resume
à cabeça de um fósforo   – Lúcifer
portátil   e/ou
ninharia flamífera.
                        Capitula
(cabeça fria)
tua húbris.   Nem sinal
de sereias.
Penúltima   – é o máximo a que aspira
tua penúria de última
Tule.   Um postal do Éden
com isso te contentas.

Açuladas sirenes
cortam teu coração cotidiano.

NOVOS POEMAS
(1986-1991)

'ittí millvanon kallá

para carmen

uma – habita meu sonho
ali onde está memória –
menina de catorze anos

: – dizes que já não podes mais sê-la: –

mas ela é em ti
acesa em sua iminente epifania
e vem (vinda e ventura) ao meu encontro
toda-envolta no perfume recente
de aulentíssimas damas-da-noite

assim a vejo
descendo uma alameda infinita
onde minha juventude arisca
de azuis cabelos negros
se incendeia
no simples ato de
(ver-te)
vê-la

oportet
preciso
é ter paciência
decantar os vinhos
reler um verso velho que o citrino
sumo dos limões
verdecendo acidula

preciso
é ter ciência
depurar do limo
a água que filtra na palavra luz
o hino do menino char a voz
a vólucre voz
o timbre sibilino
do melro de ouro que clausura a aurora

preciso
é ter ausência
sutileza
tactos
amor (o ato e os entre-atos)
dor prestimor querência
para fazer deste papel
poema
desta que mana do estilete azul
escura tinta esferográfica

preciso é ter
demência
obsessão
incerteza
certeza
escuridão gozosa
graça plena
fogo liqüefeito
para fazer da tinta e da madeira
apisoada em polpa
que na cortiça antes portava
como brasão teu nome:
a coisa
o corpo
a coisa
em si
a dupla valva
o lacre sob as pubescentes sílabas
o preciso desenho
que como ao deus de adão de uma costela
dá-me fazer deste papel poema e da insinuada
tinta faz
mulher

toura

é o feminino de ouro

a pela moura   o tesouro

guardado   a crina que loura

a prátea fala   o silêncio

de nó cortado a tesoura

a seda   o lençol de ouro

a pele toura tersa   o douro

rio cuja foz toda se oura

a voz que aura como ouro

é o masculino de toura

rima petrosa – 1

uma bruteza
límpida
que em nada se detém

uma crueza
lâmina
que se apaga em ninguém

uma lindeza
nítida
que a si mesma sustém

uma ingênua fereza
feita só de desdém

uma dura candura
que nem loba que nem

uma beleza absurda
sem porquê nem porém

um negar-se tão rente
que soa um shamisen

uma causa perdida
um não vem que não tem

rima petrosa – 2

1.
não
da planta do pé
à palma
da mão

não
em cada
unha
em cada
artelho
do dedo
mínimo ao
dedão

não
da anca
de potranca
à curva
do joelho
da cintura
ao tornozelo
do cotovelo
ao pulmão

2.
um não
de pedra
um não
de sola
um não
sem nenhum
senão

em cada fio
de cabelo
em cada
dente
em cada
pelo do
pente
do bico do
seio
ao monte de
vênus
da axila
a virilha
à ilharga
à barriga
da perna
do céu da
boca
a interna
rosa em
botão

3.
mas se de tamanho não
tão unânime um não tão
se dessa massa de nãos
como da massa do pão
fermentar um dia um sim
(por mínimo que seja
o seu roçar de cetim)

então nesse meu
brinquedo (sinistro)
de urso
nesse meu jogo
(triste)
de leão –
                      a contra-sim
                      a contra-senso
                      a contra-mim –
serei eu a
dizer não

4.
um não de sins
o meu não
de fel coado de mel
que para dizê-lo assim tão
no seu esforço de não
(como no rim uma pedra
que endureça de paixão)
será preciso queimar
a mão direita no gelo
ou na chapa do fogão
abrir o peito e morder
(como Aquiles quis fazer

ao rei grego Olho-de-Cão
como fez Madona Loba
ao trovador Cabestão)
esse músculo vermelho
coração que bate sim
encarniçado em seu não

poema qohelético 1: ano bom, dia um

a vida passou como um
morcego
como um morto
cego
que ralenta
remora este acordar
cotidiano
sem memória
desmemória cotidiana
que naufraga
entre o exit e o êxito
zerada
pelo saber-se nada:
nem jacto nem projeto
a poesia
pensada como um ponto (*punctum*)
cego na retina
sob um sol selvagem
a poesia
a ponta que rebenta dessa corda
fragilizada pelo assédio do
diário afazer do real:
executivos gineteando a cavaleiro
das noites de overnight
onde o pulsar dos lêmures insones
rateia como um zero
zero e ratos – fatos
neste domingo de primeiro de ano

quarenta anos de poesia são um bloco
inútil de rasuras
garbage lixo basura

ouvi a fonte
uma vez
e o murmurar da fonte:

queimou-se a mão
desfigurou-se a escrita
na queimadura deformou-se o rosto
fechou-se-me o horizonte

poema qohelético 2: **elogio da térmita**

os cupins se apoderaram da biblioteca
ouço o seu áfono rumor
o canto zero das térmitas
os homens desertaram a biblioteca
palavras transformadas em papel
os cupins ocupam o lugar dos homens
gulosos de papel   peritos em celulose
o orgulho dos homens se abate   madeira roída
tudo é vão
a lepra dos cupins corrói o papel   os livros
o gorgulho mina o orgulho
assim ficaremos   cadáveres verminosos
escrevo este elogio da térmita

inscrição para um túmulo no ar

faustoinfausto faustino   senha   sina
centauramente   musamente   mário
te recordo   esta vez em teresina

e um mar de alta voltagem   mar divino
um mar de viva aragem   repristina
mário o teu ar   poeta-peregrino
escutando a sentença da sibila
que um avesso destino contra-assina.

e agora sob um signo teresino
de azul   de luz solar   de sol tigrino
restituído ao ar o que é do mar
à lira o que é delírio   à sina o hino
te compagino em céu   mário faustino

celebração do poeta Leminski

Paulo Leminski
               samurai mestiço
te recordo
         polaco polilingue
nos anos 60
           como um jovem Rimbaud fileleno
saído
      do templo neopitagórico de Dario Vellozo
(que o incêndio helenófobo ainda
             não havia abrasado) –
te recordo   Leminski
         lampiro (mais-que-vampiro) de Curitiba
capiau cósmico
          eletrônico violeiro astral
fabbro –   te recordo:
            Você
partiu agora
         entremeado às estrelas de Iessiênin
Enquanto o crepúsculo roxo
de tua cidade simbolista te chora
Você sonha
         como o poeta japonês
o após-sonho dos samurais mortos

sinal de tráfego

poeta

        segue

(valeu a pena?!)

segue   (tambor que rufa)

adiante

enquanto bufa

a Universidade de Hyena

meninos eu vi

vi oswald de andrade
o pai antropófago em 49
reclinado numa cadeira de balanço
lendo o *trópico de câncer* de henry miller
(a rosa dos alkmin maria antonieta o mimava
enquanto ele ia esmagando com o martelo de nietzsche
contumazes cabeças de diamante)

vi ezra pound em 59
na via mameli em rapallo
(tuesday four pm ore sedici)
erguendo nas mãos o gato de gaudier-brzeska
uma forma felina que ocupava todo o espaço
de um exíguo pedaço de mármore cinza
(por essa altura o velho ez já começara a calar-se
e os olhos ruivos faiscavam na inútil
procura de *punti luminosi*)

vi roman jakobson en la jolla
califórnia ano 66
(a seu lado krystyna pomorska loura cabeça altiva)
passei rápido pelo teste das palavras trocadas:
v zviózdi vriézivaias / "entremeado às estrelas"
buraco negro na primeira estrofe
do poema de maiakóvski a sierguêi iessiênin
(venha ouvir krystyna um poeta brasileiro
que resolveu o problema da rima às avessas
na tradução dos versos de vladímir)
convidou-me então a comer comida árabe
e foram muitas as vezes e os lugares em que nos revimos
encontros marcados por luminosas doses de vodca

(*albo lapide notari* – diziam os romanos)
e até mesmo me destinou uma carta
aberta
depois de ter lido as coplas de martin codax
sobre o mar de vigo

vi francis ponge em bar-sur-loup
ano 69 dez anos depois de paris rue lhomond
quando me estendera diante dos olhos
o sena
um poema desdobrável fluente como um rio
e suspendera à parede do estúdio sua aranha
tutelar
– *l'araignée mise au mur* – magnífica
reitora de saliva
de avoenga progênie mallarmaica
mas agora na provença em bar-sur-loup
nos limites do seu copo d'água
ele estava inteiro
franciscus pontius nemausensis
sóbrio lapidário de grés e pedra-pomes
separando palavras como quem escolhe
minerais de textura e cor diversa e os perfila
contra a luz
um a um

vi max bense
celebrando com estudantes no *drei mohren*
stuttgart / estugarda ano 64
a solução do enigma rembrandt
programada através da fórmula de birkhoff:
o quociente de beleza emergia puríssimo
de uma retícula violeta
como vênus-afrodite surgindo toda nua
da espuma do mar cor de vinho

vi julio cortázar anos mais tarde
em paris rue de l'éperon
chamou-me cronópio como fazia
aos amigos
(ele cronopíssimo o maior de todos)
costumávamos comer num restaurante grego
perto do hotel du levant
na harpejante rua de la harpe
e um dia me fez entrar num dos seus contos
onde me pus a transcrever de trás pra diante em língua morta
um seu soneto corrediço feito um zipper
(depois descreveu-me como um cachalote de barbas de netuno
no centro extremoso do círculo
dos seus amigos brasileiros)

vi tudo isso e vi muitas outras coisas
como por exemplo na via del consolato
murilo mendes entre quadros de volpi
perguntando pela idade do serrote
e nessa mesma roma de fachadas amarelo-ovo
na trattoria del buco
ungaretti o leonado ungaretti
(que costumava praticar com leopardi
no locutório das estrelas)
indagou-me uma vez em tom de confidência:
ci sono ancora quelle mulattine a san paolo?
(não havia mulatinha nenhuma – era só
explicou-me depois o paulo emílio –
a fantasia turbinosa do poeta)

mas vi tudo isso
tudo isso e mais aquilo
e tenho agora direito a uma certa ciência
e a uma certa impaciência
por isso não me mandem manuscritos datiloscritos telescritos
porque sei que a filosofia não é para os jovens
e a poesia (para mim) vai ficando cada vez mais mais parecida

com a filosofia
e já que tudo afinal é névoa-nada
e o meu tempo (consideremos) pode ser pouco
e só consegui traduzir até agora uns duzentos e setenta versos
do primeiro canto da *ilíada*
e há ainda a vontade mal-contida
de aprender árabe e iorubá
e a necessidade de reunir todas as forças disponíveis
para resistir a mefisto e não vender a alma
e ficar firme
em posição de lótus
enquanto todos esses recados ambíguos (digo: vida)
caem na secretária eletrônica

NOTAS DO AUTOR

lamento sobre o lago de nemi
O tema provém de *The Golden Bough*, de J. G. Frazer. É o tema ritual do sacerdote-rei do Templo de Diana Nemorensis (Diana do Bosque), nas proximidades da antiga cidade de Arícia, nas chamadas colinas Albanas (Itália). Seu reinado, segundo a regra do santuário, duraria até que um rival o abatesse e lhe assumisse o posto hierático. O motivo é retomado aqui à luz da dialética mallarmeana de "Um lance de dados" ("Le Hasard", o Acaso/Azar).

auto do possesso
A epígrafe, extraída de um poema de Rainer Maria Rilke, traduz-se por: "Dize-me, poeta, que fazes? – Eu celebro."

thálassa thálassa
O título significa "O mar! O mar!". Provém de *Anábasis*, de Xenofonte (430 c.a.-355 c.a. a.C.), da cena em que descreve a retirada de dez mil gregos, sob seu comando, e registra a exclamação de suas tropas quando, após árduas peripécias, os soldados defrontam-se finalmente com o Mar Negro (Ponto Euxino).

ciropédia ou a educação do príncipe
O título provém de Xenofonte, do romance pedagógico em que é narrada, com intuitos exemplares, a educação de Ciro, o Grande, da Pérsia. Aqui se trata antes de um "Retrato do poeta quando jovem", de um "poema de formação", a descoberta do poder das palavras e da sexualidade. Termina com uma "defesa e ilustração da língua portuguesa", sob a invocação de Sá de Miranda ("Mirabilis Miranda"), o poeta que renovou a poesia de seu tempo, introduzindo em Portugal o novo estilo do Renascimento italiano. A epígrafe, extraída do *Ulisses* de Joyce, traduz-se por: "Você acha minhas palavras obscuras. A escuridão está em nossas almas, não lhe parece?". O influxo joyceano está presente nas palavras-montagem, algumas plurilíngues, como *Meisterludi* (Mestre do Jogo, alemão e latim), *mondlúnio* (duplicação enfática de "lua", jogando com alemão e latim), ou, ainda, ÁUREAMUSARONDINAALÚVIA, musa erótica da linguagem, também invocada no final do poema, nome polissonoro composto de ÁUREA + MUSA + ANDORINHA (do lat. *hirundo*, do ital. *rondina*) + ALÚVIA (do lat. *alluo*, banhar, ser levado pela água + *pluvia*, chuva + Lívia, alusão a Anna Livia Plurabelle, a mulher-rio, símbolo do Eterno Feminino no *Finnegans Wake* de Joyce).

teoria e prática do poema
No "Sermão da Sexagésima" (1655), onde usa a expressão "xadrez de estrelas", o Padre Vieira, ao polemizar contra os excessos do "cultismo", estaria descrevendo, "sem se dar conta, o seu próprio estilo" de composição em xadrez ou geométrica (cf. Antonio J. Saraiva, *O discurso engenhoso*, Perspectiva, 1980).

ô â mago do ô mega
Esta série, originalmente composta de cinco poemas, traz como subtítulo a especificação: "fenomenologia da composição". Foi pensada como uma resposta dialógica a "The Philosophy of Composition" (1846), de Edgar Allan Poe, ensaio sobre a gênese do poema "The Raven" (O corvo), e também à sequência de poemas "Psicologia da composição" (1947), de João Cabral de Melo Neto. Segundo o método fenomenológico, trata-se aqui de chegar ao *eidos* (essência) da linguagem e da poesia, através do "descascamento" das palavras e da fratura fônica.

fome de forma
Os poemas incluídos nesta seção exemplificam a Poesia Concreta em sua fase mais rigorosa, da "matemática da composição" (racionalismo sensível). O compositor Gilberto Mendes musicou "nascemorre", explorando-lhe as possibilidades de multileitura. Podia-se aqui já falar de "minimalismo" antes da voga desse termo, sobretudo na pintura e na música.

servidão de passagem
Assumindo o desafio da poesia participante, este poema procura demonstrar, com o exemplo de Maiakóvski, contra os defensores do populismo estalinista-zdanovista, que "sem forma revolucionária não há arte revolucionária".

variações semânticas
Também do momento de empenho participante, estes poemas paródicos foram publicados no nº 5 (dez. 1966-jan. 1967) da revista *Invenção*.

o poeta é um fin
Neste poema fundem-se alusões ao poeta-histrião (Poe, Mallarmé) e ao poeta-fingidor (Pessoa).

via chung-tsé
O filósofo e místico taoísta Chuang-Tsé ou Chuang--Tzu, discípulo de Lao-Tsé, viveu entre 369(?) e 286 a.C. No primeiro poema, o ideograma significa "pássaro" (*niao* em chinês, *tori* em japonês); no segundo, "zero" (*ling* em chinês, *rei* em japonês).

galáxias
Do *Livro de ensaios: Galáxias*, cuja edição definitiva saiu em 1984 (Ex Libris), publico aqui os dois *formantes* (inicial e final) reversíveis e o fragmento "circuladô de fulô", do qual Caetano Veloso extraiu, com virtuosismo, uma composição musical que dá o título a seu disco de 1991 (*Circuladô*). Completo, o livro compreende cinquenta páginas, que podem ser lidas em qualquer ordem, pois, em cada uma delas, está uma imagem do todo e um livro diferente de cada vez. Notar, no *formante* final, alusões à conclusão de *Os Lusíadas* de Camões e ao *Paradiso* de Dante ("Canto XIII", no qual o leitor é convidado a compor uma constelação imaginária).

signância quase céu e **status viatoris**
O livro *Signância Quase Céu* divide-se em três partes, cada uma delas correspondendo a uma das etapas da topografia dantesca, porém ao inverso. Começa por um *Quasi Coelum*, um "Quase-Paraíso", disperso epifanicamente na terra e difícil de reconhecer, por isso mesmo (segundo o romântico alemão Novalis, que

aparece em dois poemas aqui recolhidos, ora como objeto de leitura exemplar, ora fornecendo uma epígrafe, *Tierische Natur der Flamme*/Natureza animal da chama). Segue-se um "Estado de Trânsito", equivalente ao Purgatório (da trivialidade, do cotidiano) e uma descida aos infernos, "Esboço para uma Nékuia" (não foi possível representar esta última na seleção).

a educação dos cinco sentidos
"A educação dos cinco sentidos é trabalho de toda a história universal até agora" (Karl Marx, 1844). Do criador da semiótica, C. S. Peirce, é a seguinte observação: "Posso imaginar uma consciência cuja vida, acordada, sonolenta ou sonhando, consistiria tão somente numa cor violeta ou no odor de repolho podre." ("Qualities of Feeling", 1894).

ode (explícita) em defesa da poesia no dia de são lukács
Este poema, todo tramado de citações que, de algum modo, se autoelucidam, tem como ponto de partida uma conversa entre W. Benjamin e B. Brecht. Relata Benjamin: "Começamos a falar da política russa em matéria de literatura. 'Com essa gente' – eu lhe disse, referindo-me a Lukács, Gabor, Kurella – 'é impossível formar um Estado.' Brecht: 'Ou melhor, pode-se formar *somente* um Estado, jamais uma comunidade. São de fato inimigos da produção. A produção não lhes diz coisa alguma. Não se pode confiar na produção. É por definição imprevisível. Não se sabe jamais o que vai sair dela. E eles próprios não querem produzir. Querem fazer o papel de *apparátchiki* (NB: membros do aparelho burocrático do partido) e ser incumbidos do controle dos outros. Cada uma de suas críticas contém uma ameaça.'" (*Essais sur Brecht*, Paris, Maspero, 1969).

opúsculo goetheano
"A convicção de nosso perdurar nasce para mim do conceito de factividade; pois, se eu, até o fim, mantiver-me infatigavelmente em ação, a natureza será deste modo obrigada a atribuir-me uma outra forma de existência, quando a atual não possa mais conter meu espírito" (Goethe a Eckermann, em 1829). O termo *enteléquia*, cunhado por Aristóteles para indicar o estado de perfeição de um ente que alcançou o seu fim, é usado por Goethe para caracterizar algo como um princípio vital, irredutível à matéria. Nisto consistia a ideia goetheana de imortalidade.

1984: ano 1, era de orwell
Alusão ao livro de George Orwell, sátira antitotalitária. O poema nasceu de uma solicitação da *Folha de S.Paulo* e foi publicado no primeiro clichê, da primeira página, da edição de domingo, 1º de janeiro de 1984.

heráclito revisitado
Entendo por "transluminuras" textos por assim dizer "reimaginados" (mais ainda do que trans-criados). Na série heraclitiana, propus-me resgatar a linguagem gnômica do filósofo pré-socrático de sob a pátina convencional de versões prosaicas, usando, para tanto, técnicas da poesia de vanguarda (inclusive o recurso da espacialização gráfica).

litaipoema: transa chim
Li Po (ou Li T'ai Po), 701-762 de nossa era, considerado o maior poeta chinês (ao lado de Tu Fu). A exemplo de Ezra Pound, nos *Cantos*, pontuo o texto com alguns dos ideogramas mais relevantes do original

assim "reimaginado". No final, as próprias reticências contagiam-se dessa ideografia, virando estrelas...

baladeta à moda toscana

Inspirei-me na célebre balada do "exílio" de Guido Cavalcanti (*circa* 1250-1300), o amigo mais velho e mestre de Dante. O poema original começa assim: "Perch'i' no spero di tornar giammai, / ballatetta, in Toscana" (Porque eu não espero retornar jamais, / baladeta, à Toscana"). T. S. Eliot reavivou modernamente esses versos, parafraseando-os no soberbo começo de "Ash-Wednesday": "Because I do not hope to turn again". O compositor Péricles Cavalcanti, a quem o texto foi dedicado, musicou-o em 1991.

finismundo: a última viagem

Em sua primeira publicação, em livro autônomo (Tipografia do Fundo de Ouro Preto, 1990, cuidadosa edição de Guilherme Mansur), este poema vinha acompanhado da seguinte elucidação: "Homero silencia sobre o fim de Ulisses. A profecia ambígua de Tirésias (*Odisseia*, XI), que pode conter uma alusão à "morte procedente do mar" (*thánatos eks halós*), foi objeto de conjecturas que atravessaram o espaço literário do mundo clássico e medieval, para ecoar em Dante (cf. D'Arco Silvio Avalle, "L'ultimo viaggio d'Ulisse". In: *Modelli semiologici nella Commedia di Dante*, Milão, Bompiani, 1975). No *Inferno* (XXVI, 83-142), Odisseu, transformado em língua de fogo, responde a uma pergunta de Virgílio ("mas um de vós me diga onde / morto, após se perder, teve jazigo"). Refere como a curiosidade insaciável ("l'ardore... a divenir del mondo esperto") o movera, na velhice e com poucos companheiros ("lo e'compagni eravam vecchi e tardi"), a empreender o "folle volo" (a aventura, o "vôo tresloucado"); ou seja, a enfrentar-se de novo com "l'alto mare aperto" em busca da proibida Ilha do Purgatório (a "montagna bruna", em cujo cimo, de acordo com a geografia dantesca, situava-se o Paraíso Terrestre). A *húbris* (orgulho) do velho navegante grego é punida com o naufrágio: "per voler veder trapassò il segno" ("por querer ver, transpassou o sinal"), resume Boccaccio. Nesse sentido, houve quem encontrasse no episódio analogias com outros casos paradigmais de transgressão da norma: Lúcifer, "il primo superbo" (Par. XIX, 46-48), Adão (Par. XXVI, 117), Prometeu. Ao retomar livremente o *topos*, procurei reelaborá-lo em dois tempos: no primeiro, em cadência épica, fundindo-o com o tema do naufrágio em Mallarmé; no segundo, uma paráfrase irônica, projetando-o no cenário contemporâneo: a busca (derrisória mas sempre renovada) da poesia num mundo trivializado, "abandonado pelos deuses".

'ittí millvanon kallá
"(Vem) comigo do Líbano / esposa (ou noiva)". Título extraído do *Shir Hashirim* (Cantar dos Cantares), Cap. IV, v. 8, poema biblíco, atribuído por uma ficção de autoria do Rei Salomão. O qualificativo "aulentíssima" (muito aromática) é uma adaptação do italiano (cf. "Rosa fresca aulentissima", verso do poeta medieval siciliano Ciullo d'Alcamo, estimado por Ezra Pound).

oportet
Em latim, "é preciso". No texto há uma reminiscência de "Le loriot" (O melro de ouro), poema de René Char.

rime petrose (1 e 2)
Nas "Rimas pétreas" ou "pedregosas", Dante celebrou, em poemas elaboradíssimos, de áspera linguagem, uma Dama Pedra, inacessível aos reclamos do poeta, cruelmente soberba. Traduzi-os em "Petrografia dantesca", seção do livro *Traduzir & trovar* (Papyrus, 1968). Procurei seguir nestas duas canções a inflexão dantesca. No final do segundo poema, "o rei grego Olho-de-Cão" é uma alusão a Agamêmnon, alvo da ira de Aquiles na *Ilíada*; Cabestão (Guillem de Cabestanh) é o trovador provençal cujo coração foi arrancado e dado de comer à sua amada (amalgamei a esta outra história de trovador: a de Peire Vidal, que se fazia vestir de lobo para servir sua dama, Loba de Penautier, e que quase foi estraçalhado pelos cães durante uma caçada).

poemas qoheléticos
Qohélet, O-que-Sabe, é o nome hebraico do autor anônimo do livro bíblico conhecido também por *Eclesiastes*. Era um sábio melancólico que viveu, provavelmente, no séc. III a.C.

inscrição para um túmulo no ar
Este poema foi escrito por ocasião da "Semana Mário Faustino" em Teresina, Piauí, novembro de 1986, e publicado na edição comemorativa dos *Cadernos de Teresina* (1987, ano 1, nº 1).

celebração do poeta Leminski
O templo Neopitagórico, um marco de Curitiba, edificado por iniciativa do poeta simbolista Dario Vellozo, foi parcialmente destruído por um incêndio, em 1987.

Fileleno: "amigo da Grécia"; *lampiro*: "aquele que ilumina como o fogo". No final deste poema, cruzam-se referências a Maiakóvski (o poema sobre Iessiênin) e Bashô, dois poetas da especial admiração de Leminski.

sinal de tráfego

Universidade de *Hyena* é um trocadilho paródico que se sobrepõe a *Iena*, centro cultural e filosófico do Romantismo alemão. Não corresponde a nenhuma instituição em particular; antes, é uma Academia imaginária, fantasmática, a cuja Congregação de mão-morta pertencem, idealmente, todos aqueles que (como dizia o irônico Borges), não gostando de poesia, se dedicam paradoxalmente a ensiná-la...

meninos eu vi

Neste poema, que é também registro memorial, as referências, contextualizadas, se autoelucidam.

BIOGRAFIA

Haroldo de Campos nasceu em São Paulo, em 1929. Fez o curso secundário e pré-universitário ("Clássico") no Colégio de São Bento. Formou-se em Ciências Jurídicas e Sociais pela Faculdade de Direito da USP (1952). Em 1972, recebeu a bolsa Guggenheim e doutorou-se em Letras pela FFLCH da USP, com uma tese principal sobre *Macunaíma* de Mário de Andrade (Teoria Literária e Literatura Comparada) e duas dissertações subsidiárias sobre Mallarmé (Literatura Francesa) e Khlébnikov (Literatura Russa), respectivamente. Foi professor visitante nas Universidades do Texas (Austin, 1971 e 1981) e de Yale (New Haven, 1978). Até 1989, foi professor titular de Semiótica da Literatura no Programa de Estudos Pós-Graduados em Comunicação e Semiótica da PUC-SP, instituição que, em 1990, lhe outorgou o título de professor emérito.

Sua carreira literária foi pontuada por duas motivações: a viagem, que permite a experiência da "outridade" (o conhecimento de outras terras e outras culturas), e o aprendizado de línguas estrangeiras, que abriu caminho para a tradução criativa, a expansão dos horizontes e o enriquecimento do patrimônio da própria língua.

Foi, com Augusto de Campos e Décio Pignatari (Grupo *Noigandres*), um dos fundadores do movimento nacional e internacional de Poesia Concreta, na década de 1950. Desde então, desenvolveu uma intensa atividade como poeta, ensaísta, crítico e tradutor de poesia. Faleceu em 2003.

BIBLIOGRAFIA

1. Textos criativos

Auto do possesso. São Paulo: Clube de Poesia, 1950.
Antologia de poemas. In: *Noigandres 5*. São Paulo: Massao Ohno, 1962.
Servidão de passagem, poema-livro. São Paulo: Edições Noigandres, 1961.
Xadrez de estrelas, percurso textual 1949/1974. São Paulo: Perspectiva, 1976.
Signantia: Quasi Coelum. São Paulo: Perspectiva, 1979.
Galáxias. São Paulo: Ex-Libris, 1984.
A educação dos cinco sentidos. São Paulo: Brasiliense, 1985.
Finismundo: a última viagem. [S.l.]: Tipografia do Fundo de Ouro Preto, 1990.

2. Textos críticos e teóricos

Revisão de Sousândrade, com Augusto de Campos. São Paulo: Invenção, 1964 (2. ed., Nova Fronteira, 1982).
Teoria da poesia concreta, com Augusto de Campos e Décio Pignatari. São Paulo: Edições Invenção, 1965 (2. ed., Duas Cidades, 1975).

Sousândrade: poesia, com Augusto de Campos. Rio de Janeiro: Agir, 1966. (Nossos Clássicos).
Oswald de Andrade: trechos escolhidos. Rio de Janeiro: Agir, 1967. (Nossos Clássicos).
Metalinguagem: ensaios de crítica e teoria literária. Petrópolis: Vozes, 1967 (3. ed., São Paulo, Cultrix, 1976).
A arte no horizonte do provável. São Paulo: Perspectiva, 1969.
Guimarães Rosa em três dimensões, com Pedro Xisto e Augusto de Campos. São Paulo: Comissão Estadual de Literatura, 1970.
Introducões críticas aos vols. 2 e 7 das *Obras completas* de Oswald de Andrade. Rio de Janeiro: Civilização Brasileira, 1971 e 1972.
Morfologia do Macunaíma. São Paulo: Perspectiva, 1973.
A operação do texto. São Paulo: Perspectiva, 1976.
Ruptura dos gêneros na literatura latino-americana. São Paulo: Perspectiva, 1977.
Ideograma (Org. e ensaio introdutório). São Paulo: Cultrix, 1977.
Deus e o Diabo no Fausto de Goethe. São Paulo: Perspectiva, 1981.
O sequestro do barroco na formação da literatura brasileira: o caso Gregório de Matos. Salvador: Fundação Casa de Jorge Amado, 1989.

3. Transcriação

Cantares de Ezra Pound, com Augusto de Campos e Décio Pignatari. Rio de Janeiro: Serviço de Documentação-MEC, 1960.

Panorama do Finnegans Wake de James Joyce, com Augusto de Campos. São Paulo: Comissão Estadual de Literatura, 1962 (2. ed. ampliada, Perspectiva, 1971).

Poemas de Maiakóvski, com Augusto de Campos e Boris Schnaiderman. Rio de Janeiro: Tempo Brasileiro, 1967 (2. ed., Perspectiva, 1983).

Poesia russa moderna, com Augusto de Campos e Boris Schnaiderman. Rio de Janeiro: Civilização Brasileira, 1968 (2. ed. aumentada, Brasiliense, 1985).

Traduzir & trovar, com Augusto de Campos. São Paulo: Papyrus, 1968.

Mallarmé, com Augusto de Campos e Décio Pignatari. São Paulo: Perspectiva, 1974.

Dante – Paraíso (seis cantos). Rio de Janeiro: Fontana/Istituto Culturale Italiano di S. Paulo, 1978.

Transblanco, com Octavio Paz (transcriação do poema "Blanco" e correspondência com O. Paz). Rio de Janeiro: Guanabara, 1986.

Hagoromo, transcriação da peça-poema do Teatro Nô japonês. *Folha de S.Paulo*, Letras, 8 jul. 1989.

Qohélet/O-Que-Sabe/Eclesiastes (transcriação do "Poema sapiencial" a partir do texto hebraico). São Paulo: Perspectiva, 1990.

ÍNDICE

Haroldo de Campos ou a educação
do sexto sentido 7

AUTO DO POSSESSO (1948-1950)

LAMENTO SOBRE O LAGO DE NEMI (1949) 22
AUTO DO POSSESSO (1949) 23

THÁLASSA THÁLASSA (1951)

[Não sabemos do Mar.] 30

CIROPÉDIA OU A EDUCAÇÃO DO PRÍNCIPE (1951)

ciropédia ou a educação do príncipe 36

AS DISCIPLINAS (1952)

Teoria e prática do poema (1952) 42

O Â MAGO DO Ô MEGA (1955-1956)

[o/ â mag o] 46
Si lên cio (1955) 47
[no/ â mago do ô mega] (1956) 48

FOME DE FORMA (1958)

[cristal] (1958) 50
Mais ou menos (1958) 51
Nascemorre (1958) 52
Ver navios (1958) 53

SERVIDÃO DE PASSAGEM (1961)

proêmio 56
poema 59

VARIAÇÕES SEMÂNTICAS (1962-1965)

ALEA I – VARIAÇÕES SEMÂNTICAS (1962-1963) ... 66
ALEA II – VARIAÇÕES SEMÂNTICAS (1964-1965) .. 67

LACUNAE (1971-1972)

[o poeta é um fin] (1971) 70
[arabescando] (1971) 71
bis in idem (1971) 72
via chuang-tsé 1 (1972) 73
via chuang-tsé 2 (1972) 74
[o poema] (1972) 75

GALÁXIAS (1973-1976)

[e começo aqui] (1963) 78
[circuladô de fulô] (1965) 79
[fecho encerro] (1976) 80

SIGNÂNCIA QUASE CÉU *(1976-1978)*

[um tigre dormindo] (1976) 82
[uma dança] (1976) 83
leitura de novalis / 1977 84
aproximações ao topázio – 1 (1978) 85

STATUS VIATORIS: ENTREFIGURAS *(1978)*

Figura de palavras: vida (1) (1978) 88

A EDUCAÇÃO DOS CINCO SENTIDOS *(1979-1984)*

A EDUCAÇÃO DOS CINCO SENTIDOS (1979) 92
ODE (EXPLÍCITA) EM DEFESA DA POESIA
NO DIA DE SÃO LUKÁCS (1980) 96
COMO ELA É (1980) 102
MINIMA MORALIA (1982) 103
OPÚSCULO GOETHEANO – 1 (1982) 104
1984: ANO 1, ERA DE ORWELL (1983) 108
TENZONE (1984) 109

TRANSLUMINURAS *(1973-1983)*

HERÁCLITO REVISITADO (1973) 112
LITAIPOEMA: TRANSA CHIM (1977) 115
BALADETA À MODA TOSCANA (1983) 116

META-PINTURAS E META-RETRATOS *(1984)*

PARAFERNÁLIA PARA
HÉLIO OITICICA (1979) 120

HIERÓGLIFO PARA
MÁRIO SCHENBERG (1984) 123

FINISMUNDO: A ÚLTIMA VIAGEM (1989-1990)

[Último] 126

NOVOS POEMAS (1986-1991)

'ittí millvanon kallá 132
oportet 133
toura 135
rima petrosa – 1 136
rima petrosa – 2 137
poema qohelético 1: ano bom, dia um 141
poema qohelético 2: elogio da térmita 143
inscrição para um túmulo no ar 144
celebração do poeta Leminski 145
sinal de tráfego 146
meninos eu vi 147

Notas do autor 151
Biografia 161
Bibliografia 163

COLEÇÃO MELHORES POEMAS

CASTRO ALVES
Seleção e prefácio de Lêdo Ivo

LÊDO IVO
Seleção e prefácio de Sergio Alves Peixoto

FERREIRA GULLAR
Seleção e prefácio de Alfredo Bosi

MARIO QUINTANA
Seleção e prefácio de Fausto Cunha

CARLOS PENA FILHO
Seleção e prefácio de Edilberto Coutinho

TOMÁS ANTÔNIO GONZAGA
Seleção e prefácio de Alexandre Eulalio

MANUEL BANDEIRA
Seleção e prefácio de Francisco de Assis Barbosa

CECÍLIA MEIRELES
Seleção e prefácio de Maria Fernanda

CARLOS NEJAR
Seleção e prefácio de Léo Gilson Ribeiro

LUÍS DE CAMÕES
Seleção e prefácio de Leodegário A. de Azevedo Filho

GREGÓRIO DE MATOS
Seleção e prefácio de Darcy Damasceno

ÁLVARES DE AZEVEDO
Seleção e prefácio de Antonio Candido

MÁRIO FAUSTINO
Seleção e prefácio de Benedito Nunes

ALPHONSUS DE GUIMARAENS
Seleção e prefácio de Alphonsus de Guimaraens Filho

OLAVO BILAC
Seleção e prefácio de Marisa Lajolo

JOÃO CABRAL DE MELO NETO
Seleção e prefácio de Antonio Carlos Secchin

FERNANDO PESSOA
Seleção e prefácio de Teresa Rita Lopes

Augusto dos Anjos
Seleção e prefácio de José Paulo Paes

Bocage
Seleção e prefácio de Cleonice Berardinelli

Mário de Andrade
Seleção e prefácio de Gilda de Mello e Souza

Paulo Mendes Campos
Seleção e prefácio de Guilhermino Cesar

Luís Delfino
Seleção e prefácio de Lauro Junkes

Gonçalves Dias
Seleção e prefácio de José Carlos Garbuglio

Haroldo de Campos
Seleção e prefácio de Inês Oseki-Dépré

Gilberto Mendonça Teles
Seleção e prefácio de Luiz Busatto

Guilherme de Almeida
Seleção e prefácio de Carlos Vogt

Jorge de Lima
Seleção e prefácio de Gilberto Mendonça Teles

Casimiro de Abreu
Seleção e prefácio de Rubem Braga

Murilo Mendes
Seleção e prefácio de Luciana Stegagno Picchio

Paulo Leminski
Seleção e prefácio de Fred Góes e Álvaro Marins

Raimundo Correia
Seleção e prefácio de Telenia Hill

Cruz e Sousa
Seleção e prefácio de Flávio Aguiar

Dante Milano
Seleção e prefácio de Ivan Junqueira

José Paulo Paes
Seleção e prefácio de Davi Arrigucci Jr.

Cláudio Manuel da Costa
Seleção e prefácio de Francisco Iglésias

Machado de Assis
Seleção e prefácio de Alexei Bueno

Henriqueta Lisboa
Seleção e prefácio de Fábio Lucas

Augusto Meyer
Seleção e prefácio de Tania Franco Carvalhal

Ribeiro Couto
Seleção e prefácio de José Almino

Raul de Leoni
Seleção e prefácio de Pedro Lyra

Alvarenga Peixoto
Seleção e prefácio de Antonio Arnoni Prado

Cassiano Ricardo
Seleção e prefácio de Luiza Franco Moreira

Bueno de Rivera
Seleção e prefácio de Affonso Romano de Sant'Anna

Ivan Junqueira
Seleção e prefácio de Ricardo Thomé

Cora Coralina
Seleção e prefácio de Darcy França Denófrio

Antero de Quental
Seleção e prefácio de Benjamin Abdalla Junior

Nauro Machado
Seleção e prefácio de Hildeberto Barbosa Filho

Fagundes Varela
Seleção e prefácio de Antonio Carlos Secchin

Cesário Verde
Seleção e prefácio de Leyla Perrone-Moisés

Florbela Espanca
Seleção e prefácio de Zina Bellodi

Vicente de Carvalho
Seleção e prefácio de Cláudio Murilo Leal

Patativa do Assaré
Seleção e prefácio de Cláudio Portella

Alberto da Costa e Silva
Seleção e prefácio de André Seffrin

Alberto de Oliveira
Seleção e prefácio de Sânzio de Azevedo

Walmir Ayala
Seleção e prefácio de Marco Lucchesi

Alphonsus de Guimaraens Filho
Seleção e prefácio de Afonso Henriques Neto

Menotti del Picchia
Seleção e prefácio de Rubens Eduardo Ferreira Frias

Álvaro Alves de Faria
Seleção e prefácio de Carlos Felipe Moisés

Sousândrade
Seleção e prefácio de Adriano Espínola

Lindolf Bell
Seleção e prefácio de Péricles Prade

Thiago de Mello
Seleção e prefácio de Marcos Frederico Krüger

Arnaldo Antunes
Seleção e prefácio de Noemi Jaffe

Armando Freitas Filho
Seleção e prefácio de Heloisa Buarque de Hollanda

Luiz de Miranda
Seleção e prefácio de Regina Zilbermann

Affonso Romano de Sant'Anna
Seleção e prefácio de Miguel Sanches Neto

Mário de Sá-Carneiro
Seleção e prefácio de Lucila Nogueira

Augusto Frederico Schmidt
Seleção e prefácio de Ivan Marques

Almeida Garret
Seleção e prefácio de Izabel Leal

Ruy Espinheira Filho
Seleção e prefácio de Sérgio Martagão

GRÁFICA PAYM
Tel. (011) 4392-3344
paym@terra.com.br